U0082855

人！
你真的懂？

學做人、會看人、廣教人、找對人、搞定人、能用人
——這些你會哪幾項？

搞定所有難搞之人的超級交際力

從最底層的服務生變成豪華酒店老闆，需要花幾年的時間？

在很多人看來，這可能需要幾十年甚至一輩子，然而在喬治·波特身上，這個奇蹟般的轉變，只用了一夜。

年輕的喬治·波特是一家旅館的服務生，在一個風雨交加的夜晚，他恰好值夜班，這時候，一對老夫婦狼狽不堪地走了進來，他們為了尋找一家旅館已經在風雨中走了很久。

喬治·波特滿臉歉意：「十分抱歉，已經沒有空房了。」

老夫婦無奈地準備去找下一家旅館，喬治·波特攔住了他們：「今晚我值夜班，如果不介意的話，兩位不妨在我的員工休息室中睡一晚？」

對於喬治的熱情幫忙，老夫婦欣然接受了。

第二天一早，老夫婦來到櫃檯前結帳，喬治·波特說：「兩位昨天住的房間不是客房，就不收錢了，祝您和夫人旅途愉快。」

老先生十分感謝喬治，對他說：「像你這樣的員工，是每一個旅店老闆夢寐以求的。」

對於老先生的話，喬治微微一笑，很快就把這件事淡忘了。

幾年後，喬治‧波特接到一封信，信中提到了幾年前那個風雨交加的夜晚，還附有一封邀請函和一張飛往紐約的機票，邀請他到紐約遊玩。

抵達紐約後，喬治見到了當年的老先生，老先生帶著他到了一棟豪華大廈的前面：「這是我為你蓋的旅館，希望你來為我經營。」

這間旅館，就是紐約最著名的華爾道夫大飯店。

如今，華爾道夫飯店已經成為各國政要下榻的首選，也是遊客們至尊地位的象徵，而喬治‧波特則從服務生搖身一變，成為著名的企業家。喬治‧波特結識了旅店大王威廉‧阿斯特，靠著敬業和熱心，他的優秀用一夜被看見了，幾年後他飛黃騰達了。

好萊塢流行著一句話：「一個人能否成功，不在於你知道什麼，而在於你認識誰。」

的確，在這個「有靠山」、「有貴人」就差很多的社會裡，成功在於你認識誰。

遺憾的是，現實中不懂交際、為人際關係所困擾的人實在太多了。我們到底該怎麼經營自己的人脈呢？

本書作者在從業過程中，將「人脈」成功化為自己的金鑰匙，結合多年來的實踐經驗，用六組關鍵字總結人脈管理的觀念，那就是「先做人」、「會看人」、「廣交人」、「找對人」、「搞定人」和「能用人」。

先做人，學會做事之前做好自己，認清「你是誰」比「你能做什麼」更重要。

相信自己的能力，看得起當下的自己，不要讓別人的看法，擋住了你的光芒。

會看人，聽話識人，性情出自表情，小動作會暴露內心的秘密。教你從人的一舉一動、穿著打扮，「讀」出對方的真實心意，聽懂言外意、話外音。

廣交人，商場是人場，人脈是財脈，唯有真誠才能換來真誠。熟練掌握六度空間法則，和陌生人說點家常話，完美溝通成就完美交際。

找對人，交友的品質越高越好，貴人也有很多種。莫以人數衡量自己的「資源」，找到真心幫助你的人，尊重為你辦事的人。求人要講究策略，知己知彼，才能掌握主動權。

搞定人，學會跟看不慣的人溝通，用對方的觀點說服對方。給別人留面子就

是給事情留轉機，放下成見才能消除敵意，聰明搞定所有人。

能用人，握大權，放小權，為自己找個好幫手。用人所長是上策，用他就要相信他，信任但不放任，珍惜人才而不吝惜錢財。

跟著本書，你將能夠循序漸進地學會這一番成就事業的道理，相信當這個世界沒有你搞不定的人，也就沒有你擺不平的事了。

〈自序〉在「人」的社會結交人、找對人、搞定人

根據史丹佛大學研究中心發表的報告指出：「一個人賺的錢，百分之十二點五來自知識，百分之八十七點五則是來自於關係。」

對於任何想成功的人而言，「建立人脈」比「一個人埋頭苦幹」更為重要，然而大部分人並沒有

許多成功的人，他們奮鬥的過程各有不同，但擁有好人脈是唯一的共通點！要獲得人脈，就要在「人」的社會裡結交人、找對人、搞定人。

溝通是接近別人、了解別人的需求與願望，並適時做出正確反應的一種能力；溝通就像是一把鑰匙，能否打開人際關係這扇門，要看鑰匙靈不靈。

提高溝通能力，最關鍵的要素是傾聽。著名的大商人胡雪巖就是一位非常善於傾聽的人，無論對方是誰，說話水準如何，他都會雙眼注視對方，認真傾聽，一旦開口則會一語懾中的，因此很多人都非常喜歡和他聊天。

懂得主動出擊結交朋友，是獲得人脈的第一步。

6

現代人工作忙碌，平時常常兩點一線，人際關係相對也比較窄小。透過參加社會上的一些活動，一方面可以擴大交際圈，一方面，如果能幫其他人做一些事情，就可以進一步加深對別人的了解與溝通。

其實只要細心觀察，時時處處都會有建立人脈的機會，盡可能在各種時候抓住機會結識身邊的人。相遇就是一種緣分，如果能夠進一步將這種緣分更深入一步，那就變成了自己的人脈。

找對人，讓對方成為自己的人脈，是獲得人脈的第二步驟。

鋼鐵大王卡內基曾以百萬美元年薪聘用了一位執行官，他的名字叫夏布。

卡內基說：「夏布相當擅長讚美別人，這就是他最值錢的本事。」

懂得讚美別人，就能使人快樂，沒有人會討厭使自己快樂的人。

事實證明，卡內基找對了人！夏布非常善於處理人事，並有效提升了職員們的工作績效。夏布事後分析自己成功的秘訣，他說：「我想，我天生具有激發人們熱忱的能力。促使人將自身能力發揮至極限的最好辦法就是：讚賞和鼓勵。來自長輩或上司的批評，最容易打擊一個人的志氣。我相信獎勵是使人工作的原動力，如果說我喜歡什麼，那就是：真誠、慷慨地讚美他人。」

7

夏布為卡內基做到了！搞定人，是一個人成功的最大關鍵。

一旦處理好了人事，通往成功的路就順遂了！

激勵大師安東尼‧羅賓斯曾說：「人生最大的財富就是人脈，因為人脈能為你開啟你所需的每一道門，讓你不斷的成長。」

在結交人、找對人、搞定人的過程中，我們也在重新認識自己，同時向上成長，甚至於開啟身上某一道蘊含可能的大門。

作為一位人際關係學家，我遇過許多有能力、有才華的人，然而多數人鬱鬱不樂，只因他們搞不定家庭、同事、上司、下屬、客戶……他們煩惱糾結於人際關係，對我猛烈地訴苦抱怨，又或者手足無措，傍徨地像個無助的孩子。遇上我之後，他們像抓住了救生圈一樣，眼裡透露著改變的渴求。

我用自身的經歷作為例證；我是如何從一個涉世未深的社會新鮮人，蛻變為能夠協助人解決煩惱的人際關係師。

一開始的我不懂人事，吃了許多悶虧，歷經好幾次磨礪後，才發現問題徵兆點在哪裡。不是我能力不足，而是我不懂得與人交流合作，許多事情因此繞上一大圈，甚至被徹底絆住了。

8

我將多年來的經驗和感受，寫成了這本書。希望更多的朋友能夠因此深諳人事技巧，搞定了人，擺平了事，堅定地朝個人的目標前進。

願本書能成為你的助力，成為你建立人脈的好朋友，成為你重獲新生的金鑰匙。

祝福你，我的朋友！讓朋友遍及天下，成就你任何事！

〈推薦序〉搞定所有難搞之人的超級交際力⋯⋯⋯⋯⋯⋯ 2

〈自序〉 在「人」的社會結交人、找對人、搞定人⋯⋯⋯ 6

第一章 先做人：做事之前做好自己⋯⋯⋯⋯⋯⋯ 17

1. 認清你是誰比你能做什麼更重要⋯⋯ 18

2. 相信自己的能力，看得起當下的自己⋯ 21

3. 長大的標誌，是學會掌控情緒⋯⋯⋯ 25

4. 接受現實，才能脫胎換骨⋯⋯⋯⋯⋯ 29

5. 打破舊格局，塑造新自我⋯⋯⋯⋯⋯ 33

6. 暗示的力量⋯⋯⋯⋯⋯⋯⋯⋯⋯⋯⋯ 37

7. 沉澱是為了進取⋯⋯⋯⋯⋯⋯⋯⋯⋯ 41

8. 你還沒有偉大到可以傲慢的地步⋯⋯ 44

9. 山水有相逢，過河別拆橋⋯⋯⋯⋯⋯ 47

10. 學會背後看人，但不要背後害人⋯⋯ 50

11. 不要讓別人的看法，擋住了你的光芒⋯ 54

12. 嘴上不說，心裡要有數⋯⋯⋯⋯⋯⋯ 57

第二章

會看人：學點讀心識人術……67

1. 人可以「貌」相……68
2. 聽話識人……72
3. 小動作會暴露內心的秘密……76
4. 眼睛最愛做心靈的「叛徒」……80
5. 性情出自表情……84
6. 衣著透露性格……87
7. 兩手相握學問多……91
8. 從走路姿勢看做人姿態……95
9. 說話速度中潛藏的玄機……99
10. 怎麼想就會怎麼「坐」……102
11. 禮貌過頭意味著什麼？……105

13. 趣味決定品味……61
14. 自身強大了，做事也就容易了……65

第三章

廣交人：人脈廣，財脈才會廣 125

1. 商場是人場，人脈是財脈 126
2. 熟練掌握六度空間法則 130
3. 好形象才有好印象 133
4. 完美溝通成就完美交際 136
5. 和陌生人說點家常話 139
6. 稱呼對人有多重要？ 142
7. 尋找對方關心的話題 146
8. 一開口就叫出別人的名字 149

12. 尖酸刻薄之人的內心世界 108
13. 吹噓背後的真相 111
14. 從打招呼來判斷一個人 114
15. 為什麼要唱反調？ 117
16. 口頭禪的「潛臺詞」 120

第四章

找對人：對的人辦對的事⋯⋯⋯⋯⋯⋯⋯⋯⋯185

1. 交友的品質越高越好⋯⋯⋯⋯⋯⋯⋯⋯186

2. 貴人也有很多種⋯⋯⋯⋯⋯⋯⋯⋯⋯⋯190

3. 遠離損友⋯⋯⋯⋯⋯⋯⋯⋯⋯⋯⋯⋯⋯⋯193

4. 莫以人數衡量自己的「資源」⋯⋯⋯⋯197

9. 零成本高回報的交際法寶──讚美⋯⋯153

10. 用傾聽博取好感⋯⋯⋯⋯⋯⋯⋯⋯⋯⋯157

11. 唯有真誠才能換來真誠⋯⋯⋯⋯⋯⋯⋯161

12. 「投入」多，「回報」自然多⋯⋯⋯⋯165

13. 會笑的人有糖吃⋯⋯⋯⋯⋯⋯⋯⋯⋯⋯169

14. 幽默是處世的大智慧⋯⋯⋯⋯⋯⋯⋯⋯173

15. 發現別人的亮點⋯⋯⋯⋯⋯⋯⋯⋯⋯⋯176

16. 別吝嗇你的舉手之勞⋯⋯⋯⋯⋯⋯⋯⋯180

17. 退一步海闊天空⋯⋯⋯⋯⋯⋯⋯⋯⋯⋯182

第五章 搞定人：千人千面，千種手段

1. 對立解決不了問題……237
2. 用對方的觀點說服對方……238
3. 不要碰別人衣櫥裡的骷髏……242、246

14. 背後說好話……232
13. 切莫錯失良機……228
12. 知己知彼，才能掌握主動權……225
11. 做好遭受「冷淡對待」的準備……222
10. 聽懂言外之意、話外之音……218
9. 找到能夠辦事的那個人……215
8. 求人要講究策略……211
7. 尊重為你辦事的人……208
6. 找到真心幫助你的人……205
5. 每個幕後都有關鍵人物……201

第六章

能用人：用人不疑，疑人不用

1. 沒有誰可以把世界顛倒過來⋯⋯⋯⋯289
2. 要有容人之量⋯⋯⋯⋯⋯⋯⋯⋯⋯290
3. 為自己找個好幫手⋯⋯⋯⋯⋯⋯⋯293

⋯⋯⋯⋯⋯⋯⋯⋯⋯⋯⋯⋯⋯⋯⋯297

4. 管好自己的嘴巴⋯⋯⋯⋯⋯⋯⋯⋯251
5. 給別人留面子就是給事情留轉機⋯254
6. 忽冷忽熱不可取⋯⋯⋯⋯⋯⋯⋯⋯259
7. 不給小人可乘之機⋯⋯⋯⋯⋯⋯⋯262
8. 學會跟看不慣的人溝通⋯⋯⋯⋯⋯266
9. 放下成見才能消除敵意⋯⋯⋯⋯⋯271
10. 上司也可以「聽」你的話⋯⋯⋯⋯274
11. 讓不配合的同事積極配合⋯⋯⋯⋯279
12. 搞定不聽話的下屬⋯⋯⋯⋯⋯⋯⋯283
13. 面對客戶，無往不「利」⋯⋯⋯⋯285

目錄

17. 維持團隊和諧……346

16. 珍惜人才而不吝惜錢財……344

15. 虛心聽取不同的聲音……341

14. 公平對待每個人……337

13. 不糾纏於小過失……334

12. 信任，但不放任……330

11. 對事不對人……325

10. 尊重是最大的肯定……321

9. 懂得分享成果……317

8. 握大權，放小權……314

7. 學會當「老師」……311

6. 用他就要相信他……307

5. 用人所長是上策……304

4. 任人唯賢不唯親……301

第一章

先做人：做事之前
做好自己

　　「做事先做人」，做人是做事的基礎，做事是做人的價值表現。無論大事小事，只要找對方法，不但可以收穫多多，還能使你在人生的道路上闊步向前，無往不利。

1. 認清你是誰比你能做什麼更重要

阿波羅神殿的大門上有一句富有哲理的話，那就是：「要認識你自己」。它是人類的最高智慧，也是做人做事的基礎。

有句古諺：「人貴有自知之明」，只有清楚自己長處和短處的人，才能對症下藥地處理問題，從而輕鬆搞定一切人和事。

這個道理雖然淺顯，但不一定每個人都清楚。我總能聽到朋友們的抱怨聲，有人抱怨同事太難纏，有人抱怨某件事很難搞定。每每耳邊響起這些話語，我都會問：「你搞定別人之前，認清自己了嗎？」

大衛是和我從小玩到大的好朋友，我們一直以兄弟相稱。

有一天，大衛滿臉陰霾地走進我的辦公室。

「嗨，哥兒們，怎麼了？」看著他愁眉苦臉的樣子，我關切地問道。

「別提了，我最近倒楣透了。」大衛無精打采地回答。

「發生了什麼事？和我說一說。」

我的話音剛落，大衛就把我當成了「情感垃圾桶」，將煩心事一股腦「倒」了出來。

原來，大衛的公司要提拔幾名中層管理人員，論資歷或者經驗，大衛都符合條件。得知這個消息後，大衛抑鬱不已，

可是，主管卻在無意中透露，大衛沒有升遷的可能。

十分煩悶。

「我就知道，這種好事落不到普通人頭上。據說這次提拔的幾名員工，在公司都有一定的根基和背景……」這個大男人一直在碎碎念，真是令人難以忍受。

「為什麼總是抱怨別人，你反省過自己沒有？」我打斷了大衛的牢騷。

「反省？」一時間，大衛停住了。

「不要一直抱怨，被提拔的員工自然有他過人之處，或是能力，或是閱歷。單憑私人關係，他們是不能服眾的，更別說擔當重任了。」

聽完我的話，大衛張口結舌地說：「我還真沒想過自己的問題。」

他撓了撓頭，若有所思地繼續說：「對了，由於我的粗心，最近有一筆大訂單沒有談成，肯定就是這個原因。」

在現實生活中，我們總是很清楚地看到別人的缺點，卻總是遺忘自己的短處。雖然認識自己不像照鏡子那樣簡單，但是我依然要教讀者幾個認識自己的小招數：

① 認識自己需要一個瞭解和學習的過程，不可急功近利。因為人對自己的認識就如同對客觀世界的認知一樣，需要不斷地瞭解、接觸、思考。

② 認識自己需要用科學的態度理性分析，從而正確分清真正的「你」。

③ 只有正確地認知自己，才能從生活和工作中汲取有益的營養，從而擁有自主的精神和獨立的人格。

從某種角度上來說，想獲得能夠擺平難纏的人和棘手的事，展現一個人駕馭全局、處理問題的能力，那麼正確地認識自己，可以說是其中一個不可或缺的前提。

2.相信自己的能力，看得起當下的自己

通往成功的道路既有坦途也有荊棘小路，遇到困難和挫折時是勇往直前還是退縮逃避都出於你的選擇。但要記住，無論什麼時候都要對自己說：「我能做到」，才會發現生命中的奇蹟。

「不經歷風雨，怎麼見彩虹，沒有人能夠隨隨便便成功」，當這首歌風靡大江南北時，我的心如同一顆充滿氣的皮球，鼓鼓的、滿滿的，一種前所未有的信心和力量充斥著我的全身。

回頭看看走過的路，發現自己經歷了這樣幾個階段：曾幾何時，我的志向高遠且不切實際，就好像一塊滿是稜角的石頭。慢慢地，經過時間的沖刷，稜角被磨平了，成為了一顆絲毫不起眼的小沙粒，只不過這顆沙粒已經硌痛了我的心。

很長一段時間，我無精打采地生活著，面對問題時，就像鴕鳥一樣將頭深深埋進沙子裡，妄圖蒙蔽內心。

後來，一個朋友的故事喚起了我內心的騷動，「我可以」的潛意識竟然是那麼的強

烈。我終於明白，我從來沒比任何人差過，只是自己說服自己在妥協而已。

有一天，我在街上遇到老同學王曉方，她的境遇讓我感受頗深。

讀書的時候，王曉方的成績總是名列前茅，沉默寡言的她是老師眼中的好學生，家長口裡的乖孩子。一晃眼，十年過去了，我們已經年近三十。一番寒暄後，我和她來到一家咖啡廳敘舊。

如今，擁有高學歷的王曉方在廣告公司擔任企劃，這個職位和其他事業有成的同學形成了鮮明對比。

「走出校園後，我發現現實和想像中的差別如此之大。我沒有朋友，也做不好事情，被主管批評成了家常便飯。現在，我最害怕走進主管的辦公室。」說到這裡，王曉方偷偷抹了一把眼淚。

「可是妳很優秀，當年妳考的可是明星大學。那時的妳，讓我們著實羨慕了一番。」我對王曉方說。

「學生時代只是和書本打交道，現在可不一樣，我要和各種人和事打交道。我害怕

犯錯，害怕被批評，可是越想努力做好，就越出錯。現在的我過得一塌糊塗，拒絕嘗試新事物，人際關係也出現了問題。」

看著王曉方滿臉愁容，我聯想到了自己。我何嘗不是這樣呢？多年來，我一直努力超越自己，卻被挫折弄得更加自卑。於是，我果斷地拉起了王曉方，走進一家心理診所尋求幫助。

醫生耐心聽完王曉方的描述，給她開出了一劑藥方，內容如下：

藥品名稱：自我反省，超越自卑。

劑量：每日一次。

病情分析：每個人心中都有一個目標，可是實現的過程卻總非一帆風順。接連的打擊，很多人會產生自卑的心理，不管事情成功與否，負面的自我評價總是如影隨形，老覺得自己不行。每日自省五分鐘，理性分析自己身上的優點和短處，這樣既可以讓自己成長，又可以增加自信心。

從那以後，我也按照醫生開出的「藥方」認真反省，效果果然不同凡響。

幾個月後的有一天，我和王曉方通了電話。電話剛剛接通，她就興高采烈地告訴

我：「我終於升職了，主管讓我做人事助理。雖然只是晉升了一小步，但是證明我是可以的！」聽著王曉方激動的話語，我衷心地對她表示了祝賀。

掛了電話，我審視了一下自己的變化，如今的我已經學會敞開心扉，真誠與人交往和相處，尋求到了比以前更有建設性的人際關係。也充分肯定了自己，做任何事情都信心十足。

想到這裡，我不由得笑了。當然，這發自肺腑的笑容很甜、很美。

3.長大的標誌，是學會掌控情緒

「衝動是魔鬼」，負面情緒如同惡魔一樣可怕，它會張牙舞爪地吞噬正面能量。你是乖乖地聽從情緒調遣，還是主動駕馭情緒，這一切自己說了算！

誰都知道掌控情緒的重要性，可是誰也不能保證自己就能百分之百做情緒的主人。

過去的我就曾被抑鬱、焦躁和絕望的情緒折磨得死去活來，甚至會做出情緒失控的舉動。一會兒喋喋不休的抱怨，一會兒莫名其妙地大發雷霆，直到身邊的朋友越來越少，才發現負面情緒快要將我推進萬劫不復的深淵了。

我該怎麼辦？是駕馭情緒，還是讓情緒繼續左右生活？這如同哈姆雷特「是生存還是毀滅」的經典選擇一樣令我為難。

經過幾天的思考，我終於邁出了一大步，做出了一個大膽而又正確的決定：「從今以後，情緒聽我的，我說了算！」當我把這個重要的決定告訴梅根後，這個曾經吡吡職場的女強人竟然緊握住我的手不放，激動地說：「我們一起努力吧！」

她反常的舉動令我十分詫異，在我的逼問之下，才知道她剛剛吃了情緒的虧。

梅根在公司中呼風喚雨，反應快、能力強的她是經理的得意助手。論相貌、論能力、論經驗、論閱歷，她在公司都是數一數二的，可是那不能控制的情緒卻害得她被炒了魷魚。

事情的導火線是一件小事，公司要接待幾位大客戶，碰巧秘書生病沒有上班，經理就吩咐梅根為客人準備幾杯咖啡。

沒想到其中一位客戶對咖啡十分講究，他聞了聞咖啡的味道，便開始批評梅根：

「妳沖的咖啡簡直難以入口，奶味太濃了⋯⋯」

聽了客戶的話，梅根心中的小宇宙熊熊燃燒，她怒氣衝衝地對客戶說：「你是來談生意的，還是來喝咖啡的？」

客戶尷尬至極，一氣之下拂袖而去，大訂單就這樣泡湯了。

經理一看，煮熟的鴨子竟然被梅根攪和得飛走了，自然十分惱火。他認為梅根的行為給公司的利益和名譽帶來了惡劣的影響，一氣之下就開除了梅根。

梅根的親身遭遇堅定了我駕馭情緒的決心，我們來到圖書館，準備在知識的海洋中汲取「馴服」負面情緒的力量。皇天不負苦心人，我和梅根終於找到了如何控制情緒的

方法，總結起來有以下幾點：

① 躲避刺激：如果發現有哪些事物可能會讓自己發脾氣，那麼就要盡量躲避。明知道「山有虎」，那就繞個道，千萬不要偏向「虎山行」。明智的人懂得躲避刺激，從而調整自己的心態，將生活規畫得豐富多彩，將人際打理得順風順水。

② 自我暗示：生活不可能一帆風順，每個人難免會遇到讓自己不開心的事情。遇到這種事情，不管是悲傷失望，還是沮喪難過，都不是明智之舉，只有讓自己冷靜再冷靜，才能找出「對症下藥」的解決方式。在心底輕聲地對自己說：「冷靜，不要著急，我一定能做到，我是最棒的。」透過這種自我暗示的方法，就可以讓負面情緒的沸點降到最低。

情緒對一個人來說，既能發揮正面作用，也能給自己帶來不少麻煩，要想從容工作、坦然生活、搞定人際就一定要從自我做起，謹記四字箴言：駕馭情緒。

從圖書館出來後，我和梅根信心滿滿，認為把自己的情緒搞定完全是件小事情，未來的美好畫卷彷彿已經在我們眼前展開。

4. 接受現實，才能脫胎換骨

接受現實是一種明智的生活態度，只有心平氣和地選擇接受，才能微笑著面對生活中的每有一天。

午後，我坐在搖椅上看書。放在身旁的香茗散發著淡淡清香，如同書中的文字一樣，彷彿擁有一種讓人內心格外舒坦的魔力。作者在書中舉了這樣一個例子：有一個人，他在星期一的時候莫名其妙地挨了別人的一頓暴打，被打得遍體鱗傷。星期二，這個人逢人就哭訴自己昨天的不幸。到了第三天，被打的人心情格外抑鬱，他把自己藏在家裡，不想和任何人見面。星期四到了，這個人心中的火氣越來越大，開始找碴打架，目的就是發洩心中的怨恨。

看完這個故事，我陷入了深深的思考之中。在現實生活裡，也許你我都受過肉體的傷害，隨著時間的推移，傷口已經結痂、癒合，可是精神上的折磨令你的心靈每一天都在流血。故事很精闢，一針見血地指出愚蠢的人不懂得接受現實，總是用愚蠢的錯誤來懲罰自己。而明智的人卻懂得在現實中生存，悠悠哉哉地笑著過生活。

我認識一個女人，她深深地愛著自己的丈夫。就在他們攜手步入婚姻殿堂的第十個

年頭，丈夫瘋狂地迷戀上另外一個小姐。

女人想盡一切方法去拯救這段瀕臨滅亡的婚姻，企圖挽回這個家庭。可是丈夫執意

離婚，於是曾經恩愛的一對夫妻走上了法庭。離婚後，女人終日以淚洗面，一夜之間好

像變了一個人。那個溫婉、賢慧的女人消失了，取而代之的是一個用尖酸刻薄的言語來

詛咒前夫的人。每天，她都在喋喋不休的抱怨，直到有一次照鏡子，她猛然發現自己竟

是那樣的憔悴不堪。那一晚，女人窩在角落裡痛哭了整整一夜。第二天清晨，她撥通了

電臺的情感熱線。隨著舒緩的音樂聲，女人漸漸平靜下來，她訴說了對前夫的怨恨。

電臺主持人柔聲地對女人說：「雖然妳和前夫有過一段美好的回憶，但這已成往

事。你們已經離婚了，妳卻耿耿於懷，既不肯面對現實，也不肯放過自己。既然妳和前

夫已經成為最熟悉的陌生人，倒不如釋懷一些，寬容一些，接受現實。不然，妳始終執

拗地鑽進死胡同不肯出來，受傷最深的那個人只有妳自己。」

掛斷電話，女人如同醍醐灌頂一般醒悟過來。這麼多年，她一直在過去的陰影中苦

苦掙扎，根本沒有想過要面對現實，逃離情感的泥沼。

就像我認識的這個女人一樣，很多人都不願接受現實，以至於讓生活變得索然無味，甚至痛苦不堪。那麼，究竟應該怎麼做呢？心理專家的意見也許能幫助我們。

①不要對現實中不理想的一面緊盯不放，要學會放寬心靈尺度，給自己留有喘息空間。

②如果你在迷惘中獨自徘徊也找不到出口，那就索性坦然面對現實，讓心靈之門敞開，如釋重負的感覺自然就會隨之而來。

③生活的幸福指數通常都是隨著人的意識而高低起伏。學會調整自己的情緒，調節自身的狀態，就是為生活增添幸福的籌碼，而接受現實就等於給了生活一個新的生命。

一年後的一個清晨，電臺又接到了女人的電話。通話時間很短，但始終洋溢著幸福

的語調：「謝謝，接受現實後的我反倒覺得十分坦然。如今，我找到了生命中真正愛我的人，請大家祝福我吧，未來的生活一定會很美好。」

5.打破舊格局，塑造新自我

人生就像一場跌宕起伏的戲劇，交織著喜悅、歡笑、悲傷和汗水。在這部戲劇中，只有努力突破自己，超越自己，你才能一直站在舞臺中央，完美地演繹自我。

我看過這樣一個節目：科學家將幾隻跳蚤放在特製的平臺上，猛地拍一下平臺，跳蚤就會立刻跳起，其高度超過自身身高好多倍，果然不負「跳高大王」的美譽。

實驗繼續進行，科學家在跳蚤上方罩上一個玻璃蓋子，拍平臺後跳蚤彈起會觸碰到蓋子。連續多次，跳蚤為了避免「碰壁」，就調整了自己的彈跳力度。當人們去除玻璃蓋子，「彈跳大王」只能爬著前進失去了彈跳能力。

實驗很有意思，讓我不禁想到了古希臘學者阿基米德的一句名言：「給我一個支點，我可以撬起整個地球。」這表明每個人都有無限的潛力和能力，關鍵在於你敢不敢打破舊的格局，讓自己迎向新生。

很多人問過我這樣一個問題：「人一生中最大的敵人是誰？」每次聽到這個問題，我都會告訴他：「人最大的敵人就是自我。」「自我」是一道厚厚的牢門，它死死地鎖

住人體自身的心理模式和思維方法。如果你不用鑰匙打開牢門，就會將自己封閉在過去的世界中，從而迷失方向。

幾年前，我接觸過一個企劃公司的老闆，他是一個血氣方剛的年輕人。走出象牙塔後，他毅然放棄了家中安排好的工作，選擇了自己創業。

創業的道路充滿著艱辛和曲折，望著公司低迷的業績，年輕人有些沮喪。於是，他誠懇地向同行的前輩請教。

「我工作很賣力，為什麼公司絲毫不見起色？」年輕人問道。

前輩捧起茶杯，輕啜了一口茶後說：「是的，你的工作狀態很好。但是所付出的程度只是和原來一樣。不要忘記，現在的你是一家公司的老闆，你沒有做到應該多付出的職責。換句話說，角色轉變後，你並沒有打破學生時代的格局模式，無法突破自我。」

年輕人聽後目瞪口呆，他從來沒有想過，打破原有格局竟然會對職場前途有著如此重要的影響。

在一般情況下，人在遇到變化的環境和事物時，往往會產生自我設限的情況。他們

用以往的經驗和主觀認知去推斷事情的發展和結果，並且對自己的臆斷信心滿滿，可是最終結果就是距離成功越來越遠。這個創業的年輕人也是一樣，在不知不覺中，他給自己的心理和所處的環境罩上了「玻璃蓋子」，讓能力難以施展。

那麼，我們每個人該如何打破舊的格局，突破自我，創造自我呢？不妨從以下幾個方面入手：

①從心理學的角度講，自我暗示有著不可估測的力量。「我可以做得更好」如同一句魔咒，可以將束縛的思想解救出來。當打破墨守陳規、千篇一律的模式時，人生就會向嶄新的方向發展。

②塑造新自我需要有堅實的自信心做後盾。只有擁有強大的自信心，才可以勇敢邁出腳步去超越現狀，在不斷變化中前進。

只有敢於打破舊格局，突破自我的人才是聰明的人。突破自我，超越現狀，就等於

不斷給人生設立新的目標，不被期望值封頂。只要打破舊的格局，就會發揮巨大潛能，奇蹟一定會發生，成功也會如期而至。

6.暗示的力量

心理暗示在生活中隨時隨地都可以遇到，含蓄或間接的方式都可以對人的心理狀態迅速產生影響。如果我們經常給予自我積極的心理暗示，人生就會大不相同。

心理暗示的奇妙作用。

理暗示真有這麼大的作用嗎？於是，我開始翻閱一系列的相關書籍，在裡面果真發現了

說：「慢點開，沒問題」，我就會順順利利地回到家。鑒於這種情況，我很是納悶，心

念：「別撞上，千萬別撞上……」結果偏偏和別的車輛發生了擦撞。相反地，我對自己

我剛學會開車時，遇到上下班的車流高峰期，心裡就會格外緊張，然後不停地默

事例一：

地點：華沙。

人物：一群玩耍的兒童。

過程：一位吉普賽女郎對其中的一個小女孩說：「妳將會聞名於世。」

結果：預言應驗，成年後的小女孩是赫赫有名的居里夫人。

事例二：

地點：冷藏庫。

人物：冷藏庫工人。

過程：冷藏庫工人不幸被鎖在冷藏庫中，他知道冷藏庫溫度極低，自己將被凍死。

結果：人們發現這名工人時，他已經被「凍死」。奇怪的是，那天停電，冷藏庫裡是保持常溫狀態。

世界上真有準確的預言嗎？其實未必，吉普賽女郎只是給居里夫人傳遞了一個「你會成功」的暗示，從而在她成長過程中一直輸送著積極向上的「養分」；冷藏庫工人為什麼會在常溫狀態下凍死？因為他自己暗示自己：「這裡溫度極低，我肯定會被凍死」，結果自己把葬送了生命。

我把這兩個有趣的故事分享給好友恩雅的時候，她也對我講述了自己的親身經歷。

跳槽後的恩雅工作起來格外謹慎，生怕有哪個地方出錯讓老闆發怒。

有一天，恩雅膽戰心驚地捧著企劃書走進老闆的辦公室，心裡一個勁地說：「趕快過關，千萬別批評我。」

越是這樣想，她越發現老闆的眉頭皺成了一團。最後，老闆拍了桌子訓斥道：「妳是怎麼搞的，上班又不是一天兩天了，怎麼連個企劃都做不好？回去重新做一份！」

恩雅回去仔細查看了一下企劃書，果然發現有不少紕漏。於是，她加班趕工，做了大量的工作後將一份新的企劃書放到了老闆面前。此時的恩雅心情十分坦然，她在心底說：「這回肯定會順利通過，沒問題！」果然，老闆看過之後喜笑顏開，說：「這才對嘛！這份企劃簡直精彩極了。」

心理學家馬爾茲說：「我們的神經系統是很『蠢』的，你用肉眼看到一件喜悅的事，它會做出喜悅的反應；看到憂愁的事，它會做出憂愁的反應。」第二次，恩雅通過積極的心理暗示督促自己完成工作，所以得到了十分理想的效果。

聽恩雅講完，我再一次找有關心理暗示的資料，詳細瞭解了積極心理暗示的好處：

①當你習慣性想像積極的事情時，神經系統就會將你的心態調整至快樂。只要我們合理運用積極的語言做一些暗示，比如「我很棒」、「生活真美好」等等，自己的心態就會積極樂觀，幸福指數也會飆升。

②美國心理學家威廉斯說：「無論什麼見解、計畫、目的，只要以強烈的信念和期待進行多次反復地思考，那它必然會置於潛意識中，成為積極行動的泉源。」最好的心理暗示就是重複積極的語言和思想。這樣一來，你會自然接受這種觀點，從而信心滿滿。

做一些積極的心理暗示很簡單，站在鏡子前看著自己的眼睛，說一些鼓勵的話就會給自己加油打氣。試著將一些否定或者疑問的語句改成肯定句，就會在潛移默化中改變你對世界、對自己的看法，一點一滴累積積極思考的好習慣。

7.沉澱是為了進取

厚積薄發是一種人生態度，也是經典的處事哲學。平日裡韜光養晦，利用一切機會默默累積能量，等到機會來臨時表現自我，自然可以讓事情水到渠成，滿載而歸。

最近我瘋狂迷戀上《道德經》，只要有時間我就會走進老子的世界，妄圖從中沾上道家的智慧，學習智者做人做事的方法。

老子有云：「持而盈之，不如其己」，意思就是手裡拿著東西，還想拿更多，一直拿到雙手盈滿，結果，很容易把東西掉在地上，砸壞了，或者潑撒一地，圖省事反而更費事，不如適可而止。老子向來講究自然之理和天道有度，但是理為多少，度為多高呢？用手承接物品，把它裝得太滿自然就會流淌出去，等於什麼也沒裝進去。既然這樣，倒不如只把它裝到滿，這樣你擁有的最多。做人做事的道理同樣如此，平日裡的韜光養晦是在為自己累積能量，當有表現自我的時機出現，自然可以厚積薄發，搞定一切人和事。

想到這兒，我立刻掏出手機撥出一串熟悉的號碼，電話那頭是我的老同學張強。

當年的張強可是大學校園的風雲人物，功課好，能力強。不僅擔任學生會會長，同

時還是多個社團的社長。他聰明陽光，在我們眼中簡直就是不可超越的偶像。

平日裡，張強為人謙和，對誰都是笑咪咪的，儼然一副鄰家哥哥的形象，迷倒的小女生不計其數。但是，有一天卻讓我們見識了張強的另外一面。畢業那年，校園徵才活動一場接連一場，很多人漫無目的地投著履歷，多數都已石沉大海，張強卻不然。

每場徵才活動，張強都跑前跑後，幫企業找位子，替企業提供幫助。大家都對張強說：「都快畢業了你也不著急，整天做這些打雜的工作。」張強聽後，只是笑了笑什麼也沒說。各奔東西那一天，校園裡傳出爆炸性的消息「張強被當地知名大公司破格錄用了！」這條新聞猶如投入湖中的石子，頓時平靜的水面泛起層層漣漪。要知道，這家公司徵才條件很高，雖然張強很優秀，但遠遠沒有達到這家公司的錄用標準。到底是怎麼回事？原來，張強在徵才活動義務幫忙的同時，也在為自己找尋最佳的機會。他發現這家公司錄用條件很高，但福利待遇相當優厚。在為這家企業服務的時候，他抓住時機表達了自己想應徵的意願，並把自己的能力恰到好處展示出來。於是，他成功了。

和張強天南地北閒聊一陣後，得知他最近過得風生水起。掛斷了電話，我對他為人處事的方法頓生敬佩，一個人僅憑過人硬的工作能力是不足以搞定人和事的，只有找對

42

方法才可以將事物搞定。而抓住時機表現自己，則代表你已經深入瞭解為人處世的精髓，可以在現實生活中觸類旁通、舉一反三。這正如老子所宣揚的處世之道，與其單純「盈之」，不如將「盈之」與「其已」相互結合。

8. 你還沒有偉大到可以傲慢的地步

王陽明曾說：「人生大病，只是一個傲字」，朱舜水也對後人發出過：「滿盈者，不損何為？慎之！慎之！」的警示。由此可見，傲慢是做人做事的大忌。

從上國小開始，長輩就教育我：「不驕方能師人之長，而自成其學。」隨著年齡的增長，我越發覺得謙虛不僅是做人的基本修養，也對處事方面影響頗深。

宋代林逋在《省心錄》中說道：「知不足者好學，恥下問者自滿。一為君子，一為小人，自取如何耳。」而明代方孝孺在著作《侯城雜誡》也對晚輩進行「人之不幸莫過於自足。恆苦不足故足，自以為足故不足」和「虛己者進德之基」的諄諄教誨。

關於謙遜做人這一點，我的好朋友王傑就做得很好。

身為銷售公司策劃人的王傑，憑藉敏銳的市場洞察力和過人的創新能力一路高升，他所做的企劃深受經銷商的好評。

雖然如此，王傑並沒有驕傲自大，而是以一貫的謙遜態度對待工作和同事。

有一天，一個新人交了一份自己所做的企劃，他自認為做得很出色，便信心滿滿地對王傑說：「王總，您看我這份企劃，簡直找不出任何差錯。」

王傑仔細看了看，說：「小夥子，首先我要肯定你的創新精神，企劃書很出色。但是，它並不是沒有任何差錯，你看市場調查研究這個方面就有明顯的漏洞。」王傑細心指導著這位新人。

得知這件事後，有人對王傑說：「王總，這些小問題你可以讓下屬去解決，沒必要親自去做。比如說那個傲慢的小夥子，在他身上花費那麼多的時間和精力根本不值。」

王傑聽後，心平氣和地說：「大家都是從新人做起來的，我現在的閱歷和經驗也是一點一點累積而來，並沒有什麼過人之處。如果我的指導能對他的工作發揮一些作用，我會很高興。」

王傑的一番話讓所有人心服口服，深深為他謙遜不傲慢的為人處世態度所折服。

丁尼生說：「真正的謙遜是最崇高的美德，是美德之母。」只有王傑這種謙遜不自滿的人才能得到他人的尊敬，獲得更加輝煌的業績。由此可見，謙遜不但是一種美德，

一種修養，而且是為人處世的黃金法則。

我的座右銘是：「虛心的人十有九成，自滿的人十有九空」。謙遜是為人處世的經典哲學，唐代詩人杜荀鶴在《涇溪》中寫道：「涇溪石險人兢慎，終歲不聞傾覆人。卻是平流無石處，時時聞說有沉淪。」杜荀鶴為後人闡述這樣一個道理：不管什麼時候，身處何地，都要謙遜為人。經驗證明，對待問題，很多人都有先入為主的觀念，在事情的發展過程中才發現很多估測與自己的主觀不符。可是最早的觀念已經根深蒂固，很難聽進去別人的意見和建議，最後的結果就是一事無成。所以，虛心學習、謙遜處事是做事做人的根本，因為沒有人偉大到可以傲慢的地步。

46

9.山水有相逢，過河別拆橋

一個人步入社會以後，就和周邊的人、事、物發生了千絲萬縷的關係。有時候，我們需要求得別人的幫助。有時候，我們也可以幫助別人。不管是前者還是後者，我們心中都要懂得這樣一個道理：「學會感恩，學會說謝謝，過河別拆橋。」

幾天前，我去一家公司辦些事情，公司最醒目的位置上寫著「感謝、感激、感恩」的字樣。公司經理看我對這幾個詞很感興趣，就對我說：「每個人都有幫助別人和需要別人幫助的時候，一家想要發展的企業，一名正在成長的員工都要懂得感恩。」我仔細回味了經理所說的話，突然領悟到這家公司的經營理念是如此睿智。因為做人做事的最高境界就是不要斤斤計較，並且要懂得用感恩之心去感謝他人的贈與。只有這樣，公司才能長足發展，個人才能迅速成長。

「難不成這家公司發生過什麼故事？」於是我轉身回去找那家經理，想聽聽這六字真言背後的故事。

經理和我關係很熟，也是個善談之人。於是他把「感謝、感激、感恩」六個字的由

來娓娓道來。

雖然現在這家公司規模很大，卻曾經面臨過巨大的困難。金融危機爆發時，公司的市場基本面惡化，企業的流動資金匱乏。公司陷入困境之際，很多高層向經理提議削減對加盟商的優惠措施。這個提議讓經理陷入了兩難的境地：削減對加盟商的優惠措施，肯定能夠幫助公司聚攏資金。然而，這樣一來一部分小加盟商就會無力抵抗金融風暴，有倒閉的危險。經過幾天的深思熟慮，經理毅然決定堅持「無情不商，誠信為本」的經營理念，不將任何困難轉嫁到加盟商身上。

「要知道，除了顧客，這些加盟商就是我們的衣食父母。公司成立之初，加盟商憑著對公司的信任，在貨沒有到達之前就將貨款交付於我們，這是多麼大的幫助和恩情。現在公司雖然遇到了困難，但是挺一挺還是可以過去的，我們不能做過河拆橋的事去傷加盟商的心！」經理動情地向提議削減加盟商優惠措施的員工說道。

此話傳出後，加盟商十分感動，他們更加努力地支持著公司。公司很快贏回了市場，不僅度過了難關，而且得到了加盟商更大的信任。

「這就是我們的故事，金融危機過後，公司將『感謝、感激、感恩』六個字掛在了

最醒目的位置。它警示著我們，做人做事要懂得感恩。」經理語重心長地說道。

走出公司大門，我的心久久不能平靜。

我們生活在一個人與人密切聯繫的社會，懂得感恩不僅是一種積極樂觀的人生態度，也是發展人際關係的基礎。只有對生活、對工作、對周圍人懷有感激之情，才會有滿滿的收穫。同時，懂得感謝、知恩圖報是一個人良好道德情操的象徵，也反映著一個人的精神文明程度。那些過河就拆橋的人，很難得到別人第二次的真心相助。

有些人總是抱怨很難將事情做成功，與人交往太難。我覺得這些人應該進行反思，看看自己是否能做到「感謝、感激、感恩」。只要做到了這一點，那麼山水相逢之時，豐富的人脈就會成為寶貴資源，源遠流長。

10. 學會背後看人，但不要背後害人

你我每天都重複著一項古老而又神秘的遊戲，那就是與人打交道，辦事情。說其古老是因為從古至今沒有任何人能夠脫離社會而生存；說其神秘，則是因為只有你讀懂了對方，才能事半功倍地搞定事情。

自古以來，古代聖賢的處事方法有無數種，我喜歡在這些書中領悟先賢做人做事的方法，試圖找到一條瞭解他人並且與之相處的捷徑。隨著年齡的增長，書讀的也越來越多，我最終堅信這條捷徑是存在的。

每一天，我都像被一雙無形的手推著前進，不停地結識陌生人，並努力與之成為朋友。為了能夠更快地消除陌生感，增進彼此友情，我喜歡暗暗地琢磨人，試圖透過細枝末節來瞭解對方，讀懂對方。從長期的經驗來看，我覺得這套為人處事的方法非常實用。

但是請大家注意，我所說的是琢磨人，而不是算計人。下面，我用一個例子來證明「琢磨」和「算計」的區別。

50

小西和小北是一對孿生姐妹，兩個人幾乎長得一模一樣，就連她們的父母都經常將兩個人搞錯。

大學畢業後，小西和小北順利通過一家公司面試，一對姐妹花成為了同事。她們剛進公司時，同事們也經常搞錯，不知道她們哪個是小西，哪個是小北。於是，在辦公間裡經常有這種搞笑的場景出現：

一位同事對小西說：「妳不是去送文件了嗎？怎麼這麼快就回來了？」

只見小北一頭霧水地站在那裡：「文件？什麼時候讓我送文件了？」

那位同事也一臉詫異，經過解釋又解釋，大家才知道這是因為認錯人發生的笑話。

隨著小西和小北工作時間增加，公司裡出現了兩種畫面，一種是大家都很喜歡小西，小西儼然成為辦公室的「好好小姐」；另一種則是沒人願意搭理小北，小北成為辦公室的「孤島」。這是怎麼回事呢？

原來，小西喜歡琢磨同事的性格、做事方法和個人喜好，並能夠投其所好和他人打成一片。這樣一來，同事們都很喜歡小西，在工作上也是盡力相助。小北卻自認為自己智商很高，在工作上不免算計他人投機取巧。比如說，一份工作很難完成，小北就設法

把這份工作推到其他同事身上。短短幾個月，小北身邊的同事都被她算計過。於是，大家都躲得遠遠的，沒人願意和她繼續合作。

現在，小西和小北依然長得一模一樣，可是大家一眼就能認出來哪個是小西，哪個是小北。

透過小西和小北的故事我們不難看出，琢磨人是一種處世哲學，也是做人的智慧。

算計人則不同，它只能將你推進人際關係的黑洞，讓你無法順利做任何事情。

想要得到圓融、世事洞明的人際智慧，就應該注意以下兩點：

① 識人是處世的基礎：一個人的外貌特徵、肢體動作以及個人喜好都能透露他的性格、思維模式和行為方法。只有你學會琢磨人，才能夠成為辦事的智者，就如同但丁在《神曲》中所說：「一個人在智者面前可要小心呀！他不僅看清了你的外表行為，就是你內在的思想他也能看清楚呢！」

②與人交往需要真誠：有一些人喜歡算計他人，用耍小聰明的方式來達到自己的目的，殊不知這是人際關係的大忌。

我看過一本書，書中敘述一位商人成功的故事。這個人叫做拉爾梅特，他在公司的慶功宴上說：「人要樂善好施，學會琢磨人，但不要算計人。因為，朋友是人生最大的財富，是花幾百億也買不來的。」卡爾梅特的朋友有很多，在朋友的幫助下他的事業越做越大，最後成為業界的領導人物。

做事之前先要學會做人，而做人的根本就是以誠相待，只有這樣，友誼之樹才會長青，朋友也會在你需要幫助的時候伸出援手。

11. 不要讓別人的看法，擋住了你的光芒

很多時候，他人的態度和議論會對自己的情緒和行為產生很大的影響，難免會出現「牆頭草，兩邊倒」的局面。然而事實證明，很多成功人士的起步都是從有主見開始的。

同學聚會，多年未見的老同學在一起暢所欲言，不亦說乎。

這時，有一個同學給我們講了一個小笑話：「有一群青蛙在高樓下玩耍。其中一隻青蛙提議一起爬到塔頂去看看。眾青蛙紛紛表示贊同，於是牠們便一起向上爬。爬著爬著，領頭的青蛙覺得爬到塔頂費時又費力，於是中途折返。其他青蛙看到領頭的青蛙都回來了，就跟著一起回到了原點。這時，只見一隻瘦小的青蛙依然辛苦地攀爬著，不管底下的青蛙對牠如何嘲笑，都沒有阻止牠前進的腳步。最後，瘦小的青蛙成功了，牠在塔頂上看到了美麗的風景。」

聽完這個故事，我做了一個小調查，發現畢業後堅持自己理想的同學為數不多，甚至少得可憐。於是我對老同學說：「其實我們都是那群青蛙中的一員，堅持理想有主見的同學就如同那隻瘦小的青蛙，而絕大多數之人都會被外界因素所擾，中途折返。」

聽我說完，同學們若有所思地點著頭。其中一個叫志明的同學對我的觀點表示贊同，並向大家講述了他的故事：

出於對繪畫的喜愛和執著，志明在畢業後去了一家美術學院進修。此時的同學們都已工作、賺錢、結婚、生子，只有他背著破舊的畫架四處寫生去尋找靈感。

志明的父母看到兒子的現狀，十分著急，發動了身邊的親朋好友來勸他，希望兒子可以將繪畫當成業餘愛好，找份工作按部就班地生活。

每每有人勸說志明的時候，他都會誠心地說：「我有我的理想，也有自己想要的生活。」日復一日，志明堅持了下來，現在的他已經是圈內小有名氣的畫家。

志明講完他的故事，我突然覺得一個人有主見竟然是如此重要。我們經常給自己樹立一個又一個目標，這些目標或大或小。小的目標也許只是一件事情的處理，大的目標也許是規畫自己的人生。當我們認準目標，並決心為之奮鬥時，周邊的人會發表自己的看法和意見。如果被外界的因素左右了自己的行動，就如同活在別人的世界中失去自我，如同一棵牆頭草絲毫沒有自己的觀點、看法和態度。

縱觀古今中外的成功人士，他們都有這樣的共同特徵：堅持自我，做事有主見。因為唯唯諾諾、隨波逐流之人終究會被淹沒在茫茫人海中，沒有成功之日。當然，我所說的有主見與自以為是、剛愎自用是沾不上邊的，那些只能稱之為愚蠢。處理事情的主見，主要是建立在對客觀事物的正確認識和判斷之上的。

12. 嘴上不說，心裡要有數

總有人抱怨做事效率低下，但很少有人反省究竟是什麼原因讓事情無法順利發展。

追根溯源，阻止成功的因素之一便是沒有思路、沒有計畫，做事過程雜亂無章。

新買了一本書，我很是喜歡。書名叫做《向前，向前，向前》，寫的是一對夫妻走遍大江南北的經歷。他們之所以能夠成功，主要靠的是有個好計畫。書中的男主人公說：「我們每天晚上都會設計好第二天的行程，並根據地圖規畫出合理的路線，以便達到事半功倍的效果。」看完這段話，我聯想起自己。每天從睜開眼睛的那一刻起，我就在不停地做事，有些事情完成了，有些事情卻遇到障礙。如果做事之前做到心中有數，那豈不是「戰無不勝」？

我把這個想法告訴了研究心理學的表姐，表姐讚賞道：「你終於領悟了為人處世的要領。」隨後，她給我講了這樣一個故事：

表姐的同班同學葉兒是一個聰明的女孩，不管做什麼事情，她都會提前計畫好，做到胸有成竹。

葉兒所在的公司準備召開一年一度的經銷商大會，這可是公司的大型會議，能力出眾的葉兒被上司指派為會議籌備負責人。

會議的籌備十分繁瑣，時間安排、行程策畫、與會人員的食宿，甚至會場擺放多少桌椅都要葉兒親自過手。奇怪的是，瑣碎和細小的工作在葉兒的指揮下竟然變得井井有條。同事不禁問道：「葉兒，難道妳有超能力？怎麼可以將工作做得滴水不漏？」

葉兒笑了笑，回答說：「只要提前理清做事思路，然後做好計畫，就沒有什麼難以完成的事情了。」

「真的嗎？這些怎麼沒聽妳說過？」同事的腦子中充滿了大大的問號。

「有些事情嘴上可以不說，但是心裡卻要有數。」葉兒胸有成竹地說。

結果可想而知，有了葉兒精心的籌備，會議順利召開。在會議圓滿結束時，上司拍著葉兒的肩膀說：「做得不錯，妳是一個值得重用的員工。」不久，葉兒就接到調派令，晉升為臺南地區的區域經理，成為獨當一面的女強人。

講完葉兒的故事，表姐對我說：「看到了吧，做事之前心中有數是多麼的重要。」

「那妳就繼續教我幾招，讓我也領悟到為人處世的精髓所在。」我有些「得寸進尺」。

地央求著表姐。

在我的再三請求下，表姐傳授了幾點做事的秘訣：

①給自己決定事情的權利，並有意識地鍛鍊自己獨立做事的能力：比如，有些事情看似棘手，但不要退縮，大膽面對，並找到行之有效的處理對策。

②從小事開始，設計方法，循序漸進：做事之前，自己心中要有一個計畫。比如在心中對自己說「這件事情我打算分成這樣幾個步驟」，然後仔細評估這樣做事情的可行性有多大，如果計畫得合理，那麼就按照這個辦法將事情解析後一一去做完。

③持之以恆：制定計畫的方法本身並不複雜，難就難在堅持實施。很多計畫可能需要很長時間才能實現，堅持按照規畫好的路線去走，事情才能取得最後的成功。

④自我反思，調整做事方式：做事情必然有種種設想，這些打算也要根據客觀因素而經常變化。但是，這些改變並不是隨心所欲或放任自流，而是不斷地調整。只有提供一個有計畫、有規律的做事方法，才能讓自己胸有成竹的為人處世。

中國人講究「沉默是金」，有些事情不必誇誇其談、洋洋灑灑講出來，但必須做到胸有成竹，這種處事做人的態度在生活和工作上都會適用。

13.趣味決定品味

有品味的人應該是這樣的：說話風趣幽默，從不張揚；衣著可能不時尚，但永遠修飾得體；與人相處通達和諧，讓人對他的態度永遠是一種可感可想但不可觸的。

有一天，我的女友被一個多年不見的老友給嘲笑了一番，她指著自己身上的「裝備」說：「妳看妳，一點品味都沒有。妳再看看我，衣服是香奈兒的新款，包包是限量版的路易威登，太陽鏡是迪奧……」顯然她把自己當成了一個奢華品發表會的模特兒，滔滔不絕地炫耀自己的化妝品和衣著。

女友耐著性子聽完了她的話，什麼也沒有說，只是輕輕說了聲「再見」就溜之大吉。

我猜測，那位女士肯定認為女友對她「既羨慕又嫉妒」才會這麼快就溜走。其實，女友明白自己是什麼樣的人，這些金錢能夠買來的享受和消費品都不在她品味的範疇之內。

那麼，什麼是品味呢？

記得看過梅根．福克斯的訪談錄，她於二〇〇五年初上《FHM》；次年成為性感女人提名；到了二〇〇七年，她已成為《Maxim》雜誌全球最熱門的人物排行榜之一；

二○○八年當選《ＦＨＭ》全球最性感女人冠軍。短短幾年內，梅根・福克斯成為深受觀眾喜愛的女演員。面對影迷的熱愛，梅根・福克斯謙虛地說：「影迷喜歡稱我為性感女郎，很多朋友總是在效仿我的穿衣、打扮，希望像我一樣成為有品味的女人。說起來很遺憾，在外表上我一直是粗線條對待，根本沒有什麼時間去研究穿什麼衣服，戴什麼樣帽子來提高自己的品味。因為我知道品味不是表層物質就能夠彰顯出來的，我的興趣也並不在於此。所以，我奉勸所有想提高品味的男人和女人，品味是內在的素質和修養，它是個人由內到外煥發出的迷人魅力。」

正如梅根・福克斯所說，有的人認為品味就是可以滔滔不絕講著一個國際品牌的衣服，炫耀著自己使用的高級護膚品，或是讓頸上的鑽石項鍊閃閃發光……這些真的能稱之為品味嗎？不，這些初級的表象與品味絲毫沾不上邊。香港作家亦舒的《圓舞》中如此概括有品味之人的興趣所在：「真正有品味、有氣質的人，他們從來不炫耀所擁有的一切，不會告訴別人他讀過多少書，去過什麼地方，有多少件衣服，買過多少珠寶，因為他們的興趣愛好並不在於此。」其實，品味是一種個人的出生背景、文化層次、生活素養，它是人由內到外產生的韻味。

說了這些，也許有人會問我：「你認為這個不是品味，那個也不是品味，究竟怎樣才能提高品味呢？」好吧，既然有人這樣問，那麼我就要鄭重其事地告訴你提高品味的方法：

① 趣味決定品味：如果你的興趣只停留於外表的美麗上，那麼證明你和品味的道路背道而馳。與其浪費時間關注衣著打扮，不如將時間用在研讀書籍，提高內在修養之上。

② 內涵是品味的主幹：紀伯倫曾經說過：「願望是半個生命，淡漠是半個死亡。美好的夢想使心靈充實，使生活多彩多姿……」表象浮華的品味只是半個生命，單純擁有品味就是半個死亡，而內涵和素養就是生活多彩多姿助推劑，提高品味的源動力。

③ 個人的品味表現在獨立的個性、優雅的舉止和得體的談吐上：這如同那些美麗迷

人的瓷器，人為的雕飾只是吸引眾多眼光，真正散發美麗的是它那濃厚的文化底蘊。

如果你想要提高自身品味，那麼就拋棄初級的外表追求，玩一些難度稍高的「趣味遊戲」，讓自己不但擁有超凡脫俗的氣質，而且還擁有一個堅定的主幹：素質和涵養。

14. 自身強大了，做事也就容易了

「緊握夢想的手，大步向前走」，就如歌詞中所唱，只要你心中有夢，並且具有實現夢想的能力，就能看到明天的幸福光芒。

前幾天，我收到了一張印著紅喜字的請帖。我迫不及待地打開一看，原來是兒時玩伴阿成要和心愛的人走進婚姻的殿堂了，我衷心地為他高興。

阿成在五歲時生了一場大病，病魔無情地奪去了他的聽力。從此以後，他一直生活在無聲的世界中。

慢慢地，阿成變得沉默寡言，最後竟然沉默不語了。當同齡玩伴都在盡情歌唱的時候，小小的他只能站在無聲世界中眼睜睜看著同伴們歌唱的模樣。

當別的玩伴興高采烈地背起書包走進校園時，阿成和他的父母依然輾轉在各大醫院，希望找到挽救聽力的治療方法。

當醫生宣布最終的結果時，阿成的父母嚎啕大哭，因為醫生說阿成已經永遠失去了聽力，再也找不回來了。

最後，望子成龍的母親將阿成送進了學費不菲的私立語言學校，在這裡接受一對一的培訓學習。在與老師互動和特殊交流中，阿成汲取了知識的泉源，他認為在文化的海洋中暢遊是一件無比幸福的事情。

私立語言學校的課程只設置到高級中學的水準，通常畢業後，身患殘疾的學生都會接受輔導，直接就業。阿成不甘心學業就此結束，他做出了一個大膽的決定——考大學，繼續深造。

經過一番努力，阿成終於如願地被大學所錄取，展現在自己面前的是另一番天地。

在商品社會中，大家都在從事不同的工作，也在做著不同的事情。如同阿成一樣，只有不斷強大自的身實力，心中的目標才會更加容易實現，做事也是如此。社會中的每個人都會尊重強者，只有你的實力足夠強大，別人才會重視你、尊重你，你才能將事情辦得穩妥，從而問鼎成功。

第二章

會看人：學點讀心識人術

　　每個人在舉手投足之間都會洩露自己內心的秘密。一個下意識的舉動，一句不經意的話語，都能反映出情緒起伏的狀態。因此，掌握一些讀心識人術，才能「讀」懂對方的心思，做出準確的判斷，使自己成為人際關係的大贏家。

1.人可以「貌」相

心理學家赫拉別恩曾經提出一個公式：「資訊傳播總效果等於七%的語言加三八%的語調說話速度加五五%的表情和動作。」可見，如果你能夠注意對方肢體語言和衣著打扮等細節所透露出來的資訊，那麼就可以「以貌取人」。

從早上睜開眼睛開始，我們就重複著上萬遍的動作。有些動作出於生存需要，有些動作則是自我潛意識的表現。

有一次，一個好友問我：「人的肢體語言和衣著打扮真的能夠流露出真實的自我嗎？」我想了又想，最後給了一個肯定的答案。當好友對我給的答案半信半疑時，我決定用一個真實的例子來說服他。

一個房地產公司在招募公關接待人員，此家公司很有發展空間，待遇豐厚，很多應徵者都想成為這家公司的員工。但是，公司對員工有著十分嚴格的要求，需要從儀表、姿態、性格和心理素質等多方面來綜合考察，以便選出最優秀的人才。

通過筆試、初試和複試，最後一關只剩下四位應徵者來進行最後的角逐。只見他們

一字站開，每個人都面露微笑，笑容是那樣的自信與從容。過了一會兒，主考官從門口踱步進來，出人意料的是，他並沒有提出任何問題，而是逐一和這四位應徵者握了握手。

握手之後，主考官決定當眾宣布被錄用者的名單，此時現場一片譁然。「您並沒有向我們提出任何問題，怎麼來判斷誰能夠取勝呢？」一個應徵者問道。

「問得好，現在我就來解釋一下。」主考官微笑著說：「肢體語言和外表是最能展現個人心理活動的信號。一號應徵者，雖然你面露微笑，但是你依然為嚴格的考試而感到緊張，因為握手的時候你的手在微微顫抖。二號應徵者，請低頭看一下你的襪子。今天你穿的是深色西裝，可是卻配了一雙白色襪子，以小窺大，可見你是一個不注重細節的人。三號應徵者，我走進門時看到你一直在左顧右盼，可見你對這次應徵的忠誠度不夠。只有四號應徵者，他衣著得體，落落大方，由此我推測他抗壓能力強，個性沉著冷靜。所以，我現在宣布獲勝者就是四號應徵者。」

主考官的一番話讓大家心服口服，他們萬萬沒想到，人竟然也可以「貌」相。

透過我講的這個故事，我們可以明確知道三點：

① 一個人向外界傳達資訊時，單純的語言只占很少的比例，絕大多數資訊都是透過非語言的體態來傳達的。如果你能夠細心留意對方的衣著打扮和肢體語言，就不難發現他的內心狀態和真實想法。

② 肢體語言有時候是一個人下意識的舉動，當事人通常處於不自知的狀態。如果與人溝通時注重對方一些無意識的小動作，你就可以瞭解和認清一個人的真實本質。

③ 衣著打扮代表著一個人的品味與修養，風格迥異的穿著和細枝末節的裝扮在不知不覺中會透露出此人的資訊。一個人的穿衣風格與水準是其氣質與品格的另一個訊號，或端莊典雅，或狂熱浮躁都可以從衣著打扮上表現出來。

要想真實、透徹地瞭解一個人，觀察肢體語言和衣著打扮是識人的一種捷徑。透過這些不經意間流露出的「密碼」，我們就可以開啟認人、讀懂人的「鎖頭」。換個角

度來講，肢體語言和衣著打扮是不會欺騙人的真實資訊，透過細心觀察此資訊，就可以輕鬆掌握「讀心術」，瞭解和認識對方的本質。

2. 聽話識人

語言是人與人之間相互交流、傳達情感的一種有效方式。在大腦有意識的操縱下，每個人的說話聲音會大不相同。因此，透過說話聲音，我們就能準確透視一個人的心理活動和性格特徵。

「人真是一種很有意思的動物。」好友天佑一邊啜飲著咖啡，一邊說。

「為什麼這樣說？」我被天佑的話弄得莫名其妙。

「就拿聲音來說，有的人聲音洪亮，有的人聲音沙啞，有的人聲音尖細，有的人聲音粗重。」天佑說。

「那有什麼關係呢？」

「你有沒有發現，透過說話聲調的差異，就能看出這個人的為人和心理狀態呢？」

天佑這麼一說，我突然覺得這個話題十分有意思，於是繼續交流下去。

「還是讓我給你講個故事吧！」天佑看我興趣來了，興致也高漲起來。

古時候，鄭子產外出巡查，突然聽到路邊傳來婦女悲慟的哭聲。隨從們聽到哭聲，

有的竟然抹了抹眼淚。誰料，鄭子產下令他們立刻拘捕哭泣的女人。

隨從不解，但是不敢多言，只得逮捕了她。

這名婦女趴在丈夫的新墳前正在悲傷，沒想到卻被逮捕，於是大罵鄭子產。

鄭子產什麼話也沒說，而是讓隨從收集證據。

最後，證據表明婦女與人通姦，謀害了自己的親夫。

隨從連忙問鄭子產，他如何辨別婦女就是真凶。

鄭子產解釋說：「婦人的哭聲，沒有哀慟之情，反有恐懼之意，故疑其中有詐。」

這個故事也讓我想起《逸周書‧視聽篇》關於「透過聲音識人」的記載：「心懷誠信的人，說話聲音清脆而且節奏分明，這是坦然的表現；內心卑鄙乖張的人，心懷鬼胎，因此聲音陰陽怪氣，很不順耳；內心不誠實的人，說話支支吾吾，這是心虛的表現；內心寬宏的人，說話聲音溫柔和緩，如細水常流般，舒暢自然。」

而現代心理學表明，不同的語音會給人不同的感受，比如說講話速度較快的人通常活力十足；聲音低沉之人成熟穩重；聲音洪亮之人則寬厚，精力充沛，擁有領導才能。

除了這些，不同的語調和聲音氣息的還能反映出一個人的德行和性格：

①說話時不斷清理喉嚨的人。

有些人在發表意見時喜歡清理一下喉嚨，並非他的喉嚨需要清嗓，而是他此時的內心有些焦慮和不安。透過清理喉嚨變化語氣和聲調，正是緊張情緒所致。

②說話細聲細氣的人。

說話聲音較小，且細聲細氣的人性格多為溫順。而這一類型的女性大多數比較溫柔，是善解人意的魅力女性。如果男性說話慢條斯理，證明他忠厚老實，有一定的忍耐力。

③故意提高聲調的人。

音樂家蕭邦曾說：「當一個人想反駁對方的意見時，最簡單的方法就是拉高嗓門，提高音調。」正如蕭邦所說，如果有人在談話時故意提高聲調，那他就是希望借助高聲調來壯大聲勢，試圖占據居高臨下的位置。這類人群的性格一般過於自信，呈現自傲之勢。

透過語言透析人的內心獨白，從而解析其性格特徵是一件行之有效的事情。平日裡只要多觀察，就會發現語音中透露出的秘密。在人際交往中率先瞭解對方，就會牢牢把握住主動權，引導交往走向，最後成為大贏家。

3. 小動作會暴露內心的秘密

一個人每天都會出現成千上萬個肢體語言，這些細小的動作往往是他潛意識的真實流露，我們也可以由此洞察他的內心狀態。稍加留意，我們不難發現，舉手投足、一笑一顰竟然有如此之多的含義。

我發現好友墜入了愛河之中，當我揭穿她這個「小秘密」的時候，她驚訝地問：「不會吧，難道你是新世紀的巫師，或者是會算命的江湖人士，這件事沒人知道啊！」

看著她驚訝的樣子，我也不忍心繼續「戲弄」她，於是說：「傻丫頭，小動作早就把妳出賣了。」

我不是巫師，也不懂什麼算命的伎倆，洞穿她的「秘密」全部依靠我的一雙眼睛。

好友面對心上人時，她總是不自覺躲避眼光交匯的那一瞬間。估計當時她的心頭如同有一隻小鹿蹦個不停，雙頰總浮現羞澀的紅暈。在不經意間，她會稍稍低一下頭，隨後含情脈脈地蕩出一個甜甜的微笑。

據報導，社會學家最新研究顯示，不管你是年老還是年少，也不管你是女性還是男

性，在你每天作出的小動作中都會無聲地傳遞出一些內心訊號。有時候小動作的心理暗示與人的思維模式有著異曲同工之妙。只要你細心觀察，就能夠發現對方內心的語言。

說到這裡，也許還不能夠讓你信服，那就讓心理諮詢師 Abner 用實例說明這一切：

「診療的心理障礙患者中有一些人不願意配合，或是沉默不語，或是歇斯底里表示反抗。遇到這種情況，我從來沒有急躁過，而是耐心觀察他的一舉一動，從中洞察他的心裡想法。」Abner 笑著說道，「有些人悶聲坐在一旁，將手指關節掰得啪啪作響。這表明他為人執拗，喜歡鑽牛角尖，經常會將自己置身於困頓的泥沼之中。還有些人會不停地拍打自己的頭部，透過這個動作我們可以知道他在表示懊悔和自我譴責。肢體語言告訴我們他想從悲傷或難過的狀態走出來，但始終找不到合理的途徑。這時，我所要做的就是為他找到一個發洩口。」

不經意的小動作可以透露人心底的「秘密」，它如同一個又一個無聲的語言傳遞著內心深處的訊號。為了讓大家能夠擁有一雙「慧眼」來識別人的肢體語言，Abner 將一些常見的小動作所表達的意思總結了出來：

①說話時臉上總洋溢著淡淡的微笑。

與這種人交往你會覺得很輕鬆，因為他們的性格大多很爽朗。他在交談時對你微笑，證明他比較欣賞和喜歡你。與說話時臉上掛有笑容的人共同處事，你會有種愉悅的感覺，溝通也會收到事半功倍的效果。

②腿腳經常性抖動。

有些人不管是坐還是站，腳總喜歡抖個不停。這類人明顯的表現是非常自私，不願意進行換位思考。如果你發現對方的腿和腳一直在抖動，那麼最好停止與他成為朋友的想法。因為在他抖動的腿腳中已經流露出對你的不屑，和這類人在一起很難辦成大事。

③搖頭晃腦。

搖頭晃腦的人通常都很自信，有一種唯我獨尊的強烈心態在裡面。不管你在何種場合遇到喜歡搖頭晃腦的人，最好對他「敬而遠之」，因為很少有人能和這樣的人成為合作夥伴。

透過心理諮詢師 Abner 總結出的小動作與內心狀態的關係，我們就不難發現對方內心的真實狀態。這樣，我們就能在為人處世上做到「知己知彼」，順利搞定人，搞定事。

4. 眼睛最愛做心靈的「叛徒」

「眼睛是心靈的窗戶」。也許你有所不知，正因為有這扇「窗戶」，別人才可以聽到你心靈的語言。它如同一個人的心靈天窗，透示著一個人的所思所想。

所羅門王有句名言：「智者的眼睛長在頭上，愚者的眼睛卻長在背上。」只有洞察力超群的人才能稱之為智者，因為他們能夠透過事物表象看問題，深入瞭解事物內在的結構和本質，並且發現其內在差異和價值。

我自認為不是愚者，但是離智者的差距卻還很遠。於是，我買了很多關於《識人術》的書籍開始惡補。看了一段時間後，我領悟了透過眼睛看心靈的訣竅。高興之餘，我把這個方法告訴了一個同事，沒過幾天就收到了他欣喜若狂的回饋。

我的同事名叫王明，專門從事業務接待，在公司裡他接觸的人是最多的。

有一天，老總安排王明去接待一位來自外地的大客戶，並千叮嚀萬囑咐地對他說：「你一定要謹慎對待這位客戶，他可是一個『財神爺』。」

80

王明帶著老總的「密令」去接待客戶，這個時候，我「傳授」他透過眼睛識人的方法便派上了用場。王明與客戶寒暄了片刻，這時他發現對方眼睛呈現半開半閉的狀態，就覺察出客戶今天的心情不怎麼樣。

王明退出了接待室，對老總說：「您今天最好不要和他談生意上的問題，因為客戶的狀態不是很好。」老總對王明的話半信半疑，但是看著他胸有成竹的樣子便依照王明的話去做。

第二天，王明接待完客戶後神秘兮兮地對老總說：「今天客戶心情非常好，希望您抓住時機將訂單拿下。」

老總的心中滿是疑團，王明笑著解釋說：「今天和客戶談話時，發現他眼睛炯炯有神，這說明對方處於興奮狀態。現在和他談合約問題，一定不是很難。」

果然，經過幾輪談判，生意被順利拿下。慶功會上，老總對王明讚許有加，並準備重用他。王明受到嘉獎以後，第一時間向我表達了誠摯的謝意，並且準備了一頓美餐來犒勞我的胃。

在社交廣泛的今天，學會在短時間內看懂對方心裡在想些什麼，顯得尤為重要。可是有些人城府較深，心機較重，他們善於隱藏內心的秘密，試圖透過這樣來隱藏自我。

如果你試著觀察他的眼睛，在某種程度上就會對他有大體的瞭解和認識。

①目光忽明忽暗。

目光忽明忽暗的人通常善於心計，似睡非睡的雙眼表明他老謀深算。與這種久經沙場的人處事，要多留心。

②眼神飄忽不定。

這類人自卑心理較重，缺乏自信心。失去安全感的包裹，他們強烈的自卑心理就會凸現出來。如果你是他們的朋友，應該幫助其樹立起強烈的自信心，從而順利走上坦途，遠離失敗的荊棘小路。

③東張西望。

如果你的交談對象一直在東張西望，那麼奉勸你果斷地取消此類話題。因為對方的眼睛已經告訴你：「我對你的話題不感興趣，只是不好意思打斷罷了。」倘若你能察覺並「識趣」地轉換話題，那麼談話氛圍將有所不同。

《孟子‧離婁》中說：「存乎人者，莫良於眸子。眸子不能掩其惡。胸中正則眸子了然，胸中不正則眸子眊焉。聽其言也，觀其眸子，人焉廋哉！」在社會交往，我們應該學會看對方的眼睛。這既是一種社交禮儀，也是認識他人、洞察其內心的一種捷徑。

如果你能掌握這一點，相信你一定會成為擁有超高人氣的「交際王」。

5. 性情出自表情

我們每一天會見到很多張面孔，不同的面孔總會給人帶來不一樣的心理感受。如果你有意識地觀察面孔，就會發現各式各樣的表情會流露出人的真性情。

從古至今，觀相術的書籍一直都很多。曾國藩在《冰鑒》中總結出許多識人方法，如：「目者面之淵，不深則不清。鼻者面之山，不高則不靈。口闊而方祿千種，齒多而圓不家食。眼角入鬢，必掌刑名。頂見於面，終司錢穀⋯出貴征也。舌脫無官，橘皮不顯。文人有傷左目，鷹鼻動便食人⋯此賤征也。」他用簡潔的語言將所察之人的面相涵義淋漓盡致地表達出來。

陳家錫是一個懂得識人的上司，人事部將兩個新來的職員介紹給他時，他只盯住對方看了幾眼，就對人事部長說：「A可以留下來，看得出他非常適合這個工作。B則不同，建議你們將其調至行銷部，讓他從事銷售工作。」

陳家錫的一番話聽得人事部長目瞪口呆，連忙問其究竟。

「A眼神平和，眉毛平展，這證明他性格沉穩。我們這個工作是負責資料輸入，只

有不急不躁的人才能擔起這個任務。B的眉頭總是隨著左顧右盼的眼神跳動，表情已經透露出她的性格外向，不喜歡按部就班的工作。相反地，行銷部的銷售工作更加具有挑戰性，我想她是最適合的人選。」陳家錫說。

人事部長半信半疑地聽從了陳家錫的建議，果然不出所料，一個月後，A將資料整理得井井有條，而B在銷售部做得十分起勁，短短的時間內就促成了一筆大訂單。

性情是如何出自表情的呢？

① 「相由心生」具有一定的道理。我們平常所說的相，特指外貌和面相。而心的含義則可以延伸理解為性情。「相由心生」就是說有怎樣的心境，就有怎樣的面相，人的個性與心思，可以透過面部特徵表現出來。

② 一般情況下，不同的人在外界條件刺激下，會產生不同的心理反應，從而激發神經衝動，指揮相關的表情肌牽引臉上的肌肉運動，並維持在某一位置，從而產生不同的表情。而面貌長期呈現在別人眼中，為他人所熟悉和記憶，人們透過接觸

瞭解到其性格特徵，並且在經驗累積的基礎上，找到這種面貌特點與人物性格之間的對等關係，以此作為判斷、分析性格的依據。

③談及性情出自表情，我們就不得不仔細研究一下什麼是表情。書中的表情定義為：「表情由表情肌肉拉動面部肌肉運動，牽動五官位置改變，並透過肌肉改變骨骼輪廓線而產生。」透過分析表情肌肉的分布及生理特點，可以瞭解是如何塑造出表情的。經常性的表情會造就特定的面貌，這種特定的情緒和心理特徵則構成了典型的性情。

如果你能學會並掌握一些「觀相術」，自然就可以從人的表情中察覺其性格。如果不信，那你就留心一下身邊的人，一定會有意外的發現。

6. 衣著透露性格

眾所周知，穿衣打扮的功效是遮羞、禦寒。隨著時代的進步，衣著又有了新的含義，那就是美化和象徵身分。然而，當人們為了更美麗而選擇自己喜愛的衣服時，衣服又悄悄地將主人的內心世界透露給了有心人。

最近看了一本書，書名叫做《格調》。書的作者是美國著名文化批評家保羅，他以敏銳的觀察力描述了美國各階層的裝扮特點。有趣的是，這些等級和層次的高低竟然與經濟無關。

保羅的觀點引起了我極大的興趣，穿衣打扮是每個人日常的行為之一，然而衣服真能「出賣」你的內心嗎？為了弄清楚這個問題，我決定仔細研究一下。工作之餘，我請教了服飾顧問安娜，當我剛把心中的問題說出來，她立刻給予了肯定的答覆：「一般來說，衣著打扮是性情使然，你心中想什麼，自然會穿什麼。也就是說，透過對他人所穿衣服的細心品味，就能有助於我們瞭解其個性和本質，從而有利於人們交往順利。」

接著，安娜告訴我一個衣著與性格有關係的事例：

莉莉一直偏好走淑女路線，知性長裙、蕾絲花邊都是她的最愛。而她本人也如同衣著喜好一樣，是個文文靜靜、典雅莊重的女生。

可是有一天，莉莉突然剪掉了一頭長髮，衣著上也發生了翻天覆地的變化。她發瘋似地丟掉了滿櫥櫃的淑女裝，取而代之的是火辣的短裙和吊帶背心。

莉莉衣著的改變讓父母十分心驚，雖然女兒什麼也不說，但是她的打扮已經出賣了她。莉莉肯定是受了某種外界刺激，她想逃避現實。

睿智的媽媽並沒有向女兒直接詢問，也沒有干涉她的服裝喜好的改變，而是在生活上更加關心她。直到有一天，莉莉撲在媽媽懷裡委屈地哭了起來。原來，莉莉的男友以「過於溫和，沒有一點個性」為由和她分手了。

媽媽摟著女兒說：「這一點我和妳爸爸早就猜到了。」

莉莉臉上還掛著晶瑩的淚珠，聽到媽媽的話滿臉疑惑：「我並沒有向任何人說過這件事。」媽媽慈愛地擦去女兒的淚水，說：「傻孩子，妳扔掉自己最愛的衣服時，我們就已經察覺到了。我知道不應該干涉妳的穿衣自由，但是選擇適合自己性格的裝束才能將妳襯托得更美。」

媽媽的話音未落，莉莉猛地站了起來，說：「您放心，媽媽，我知道該怎麼做了。」

也許有的人會問，莉莉的媽媽是怎樣察覺到女兒異樣的呢？只不過是更換了幾件衣服而已。心理學家指出，一個人突然改變自己的服裝嗜好，意味著內心受到了某種強烈的刺激，也許要躲避現實，也許想法發生了變化。當外界影響達到一定的程度時，就會不自覺地表現在穿衣風格上。莉莉的媽媽是個聰明的女人，對於女兒衣著的改變她表現出見怪不怪的態度，沒有讓莉莉察覺到她已經洞悉了莉莉的心理。因此，莉莉也不會因為遭到質疑而心存戒備，而是繼續敞開心扉與父母溝通。

為了能夠進一步證實內心和衣著是緊密聯繫的，安娜繼續向我介紹了幾點衣著與個性之間的關係：

①衣著華麗的人，自我表現欲較強。

生活中不乏衣著另類的人，他們有著強烈的自我顯示欲望，喜歡用鮮亮的服裝來吸引眾人的眼球。對於這種喜歡出風頭的人，只要多讚美來滿足他的表現欲，就能夠融洽地與其相處。

②衣著中庸的人，性格也較為中庸。

衣著既不張揚又不低調的人，他們的處事風格通常與服飾相符，那就是比較中庸。

他們的理性大於感性，性情決定了他們不會做一些不合乎常規的舉動。這類人十分可靠，是值得進一步交往的朋友。

聽完安娜的介紹，我感到十分吃驚，沒想到服裝裡面竟然有如此大的學問。如此看來，如果在生活中觀察得更仔細一些，那麼我們就可以掌握更多的識人技巧，有助於自己的為人處世。

7. 兩手相握學問多

握手是社交中最普遍的「見面禮」。從握手的細節中，可以發現一個人的情感和意向。如果你掌握這一點，會給你的社交帶來意想不到的便利。

握手禮儀的起源地來自歐洲，最初的目的很簡單，就是為了讓對方明明白白地看到自己手中並沒有攜帶武器。隨著社交禮儀的發展和豐富，握手逐漸演變成一種友好的表達方式。有心人可以透過握手就可以感覺到對方是真誠還是虛偽，因為不同的握手習慣已經將你的內心想法公布於眾。

在和一個經理聊天的時候，他向我透露這樣一個細節：「有一次，我和一位客戶禮貌性的握手。透過握手，我發現他的手軟弱無力，輕輕一握便鬆開，軟綿綿的握手習慣讓我知道他是一個沒有誠信的人。所以，我每與他握一次手，對他的信任感就減低一分。」原來握手習慣不良的人，通常無法贏得別人的信任。與之相反，經理的話讓我聯想起玫琳凱・艾施的成功之路。

玫琳凱・艾施是美國年銷售額超過三億美元的著名企業家，在二十年中，她將一個

僅有十人的小公司，發展成為今天大規模的跨國性企業。玫琳凱‧艾施在垂暮之年回想起往事時，不由得慷慨地說：「成功的開始，全部源於真正懂得握手的那一刻。」

從事化妝品行業，玫琳凱‧艾施每天要接觸大量的顧客。有一段時間公司效益良好，顧客量明顯增多，她的握手習慣也慢慢出現了變化，總是蜻蜓點水般象徵性的一握。

可是有有一天，玫琳凱‧艾施察覺到自己正在犯一個十分嚴重的錯誤。

有一次，她去參加一位知名銷售師的銷售課程。出於崇拜和尊敬，玫琳凱‧艾施排了很長的隊伍期待與之握手。一個多小時過去了，她如願地和銷售師握了握手，但是玫琳凱‧艾施發現銷售師根本就沒看她，而是越過她的肩膀去看後面還有多少人，握手自然也是敷衍的。就在那時，玫琳凱‧艾施覺得自己受到了很大的侮辱和傷害。

從那以後，玫琳凱‧艾施決定從握手習慣開始改變，不管與誰握手，她都會面帶笑容，直視對方的眼睛，目的就是讓別人感受到真誠。每一個握手的人都被她的真誠所感動，他們十分願意與玫琳凱‧艾施合作。

美國著名作家海倫‧凱勒說：「手雖無言，卻極有表現力。有的人握手能拒人千里，當我握著他們冷嘲熱諷、冰冰的指尖，心中就像有凜烈的北風吹過一樣；也有些人的手

讓人感到溫暖，與他們握手，心裡就灑滿了陽光。」的確，握手是人際交往中一門精深的學問，良好的握手習慣奠定你的人際基礎。

那麼，哪些才是正確的握手習慣呢？

①對方是長者、上級或女士時，不可以貿然出手。自己先伸出手，是對方的不尊重。

②握手時眼神不可左顧右盼，否則會給對方帶來心不在焉的感覺。另外，不要直直盯住對方不放，那是非常失禮的握手習慣。

③切記不要用指尖和別人握手，敷衍的握手習慣會讓對方對你產生厭惡之情。

④如帶有手套，與人握手前一定要記住將其摘掉。

良好的握手習慣可以影響到人際關係狀況，握手的力量、狀態、時間長短都是衡量你是否有修養的標準之一。只有真誠地與人握手，對方才會感覺到誠意。你的真誠也會隨著握手的力度和熱度傳遞過來，對方自然會對你產生信任和好感。還等什麼？我們一起試試吧。

8. 從走路姿勢看做人姿態

每一個正常人都會走路，但是每個人走路的姿勢卻不相同。你知道嗎？除了一些軀體本身的特徵，透過觀察步率和姿勢等細節，我們還可以看出一個人的做人姿態。

身在職場，我發現一些精英人物通常都是善於讀人心的高手。他甚至能夠從上司和同事的腳步聲中聽出對方心情的好壞，還可以透過觀察周圍人的走路姿勢，判斷這個人是否可信，能否深交。

他們這些人的識人本領讓我唏噓不已，恨不得自己也能擁有如此「神通」，在為人處世方面助我一臂之力。於是，我決定下一番功夫去「鑽研」。隨著翻閱資料的增多，我發現人的走路姿勢竟然如此奇妙，它不但能夠透露出一個人的做事風格，還能將其做人的姿態顯露無疑。莎士比亞曾在《特爾勒斯和克爾斯達》一文中詳細描述了一隻大公雞走路的姿態，文中寫道：「這個高視闊步的運動家，以自己的腳筋而自豪。」在捧腹之餘，我不由得想起一些自恃高傲的人走路竟然和大文豪筆下的這隻公雞極為相似。想著想著，竟忍不住笑出聲來。同事詫異地望著我，問我有什麼事情竟然如此高興。當我

告訴他自己的想法時，他也陪我一同笑了起來，並且還給我講了一個更加有意思的事情。

話說義大利獨裁者墨索里尼走路姿勢十分特別，他喜歡抬起下巴誇張地擺動手臂行走。可是他的腿卻極其不配合，僵僵的，直直的，彷彿承受不住全身的重量。這就導致他的步伐沉重而且緩慢，好像拖著腿在前進。

有一個好事的醫生拍馬屁地詢問墨索里尼：「先生，您有腿疾嗎？我是一位知名的骨科醫生，我可以幫您解除病痛。」

墨索里尼聽到這些話勃然大怒，將好事的醫生趕了出去。原來，墨索里尼並沒有任何腿疾，他之所以要這樣走路是為了加深別人對他的印象。好事醫生本想拍拍馬屁，沒想到卻拍到了馬腿上，只好氣沖沖地走了。

從此以後，一個新的稱謂出現了，那就是「墨索里尼式走路」。慢慢的，很多人開始用這個稱謂來嘲笑那些自滿甚至傲慢的人。

果然，走路姿勢可以看出做人的姿態。

那麼，與走路姿勢相關的「秘密」還有哪些呢？

①走路腳步輕快多為開朗的人。

我們都會發現這個現象，那就是一個人高興時，他的腳步就會十分輕快。如果這個人的走路姿勢一直都很輕鬆，便說明這個人心無城府，性格開朗，是一個很容易接觸的人。

②腳步穩健有力多為成熟穩重的人。

如果說一個人的腳步沉穩、有力，通常他都會是一個十分成熟的人。這種人不會將喜怒哀樂掛在臉上，多半是在心裡進行理性的思考。與這類人成為朋友是一件美好的事情，因為不管在生活上還是工作中，他都能夠提出合理性的建議幫助你前進。

③速度和跨步一致者多有領導才能。

不知道你注意到沒有，一般情況下國家首腦走路的速度和跨步是比較一致的。只有這樣，身後的隨從和下屬也才能保持一致的步伐。這種走路姿勢是一種權威的象徵。

觀察一個人怎樣走路，就可以從中透視他的內心和性格，這實在是一件妙趣橫生的

事情。如果你也和我一樣對走路姿勢有興趣，不妨也做個細心的人，仔細觀察一下周圍人，相信你一定會有意想不到的收穫。

9.說話速度中潛藏的玄機

說話速度是不容忽視的說話方式之一。由於人的性格和氣質各異，每個人說話速度也會有其不同的特徵。

好友細細在聯想公司任職，一日見面我問她：「聽說你們公司創始人是一位用說話速度分辨人的高手？」

細細聽到我的詢問，點頭說：「當然，他的傳奇故事遠不止這些。聽說，在企業生死攸關的時刻，他召開了一次董事會。會議上，他發現一位下屬說話吞吞吐吐，就在散會後對此人展開了深入的調查。果然，他發現這個人有問題，便對症下藥採取措施，最終遏制了企業的一次重大變故。」聽細細說完，我不禁吐了吐舌頭。原來仔細觀察他人的言談舉止，竟然能夠及時發現問題並防範未然。於是，我決定做個「有心人」，開始處處留意別人說話速度中暗藏的玄機。

同事阿傑是個口才很好且風趣幽默的人，大家都喜歡和他在一起，還親切地稱他為「開心果」。但是最近幾天，「開心果」有些反常，他說話時快時慢，根本控制不住說

話速度，我留意到了阿傑說話速度的小細節，便問他是不是遇到了什麼難事。

阿傑驚訝地看著我，反問道：「你怎麼知道的？」

我說：「快別隱瞞了，你的說話速度已經『出賣』了你的內心。」

看我已經識穿了他，阿傑便將煩心事娓娓道來。

原來，阿傑熱戀的女友因為一件小事誤會了他，而且不給阿傑解釋的機會。這讓阿傑又急又惱，感情生活的不如意甚至影響到了工作。

聽完阿傑的訴說，我這個「好事者」決定挺身而出，幫助阿傑解決這個難題。我約阿傑的女友出來喝咖啡，並使出渾身解數來解釋這個誤會。最後，女友決定原諒了阿傑。

出於感謝，阿傑送給我一瓶紅酒，並故作神秘地說：「看來我也要學會點讀心識人術了，透過說話速度發現問題，簡直太神奇了。」

為了證明阿傑的禮物送得有價值，我又現學現賣地額外贈送了他幾條用說話速度快慢識人觀人的方法。

① 說話速度較快的人。

一般來說，說話速度較快的人活力四射，給人朝氣蓬勃的感覺。這類人多數性格外向，十分喜歡和他人結交朋友。

如果說話說話速度突然變快，從心理學角度分析，一個人內心緊張或者不安時，言談說話速度就會變得很快。因為，他需要用快速說話的方式來排解自己的恐懼感。如果你仔細觀察，就不難窺知其內心情緒的狀態變化。

②說話速度較慢的人。

說話緩慢的人，會給人一種誠實的感覺。一般來說，這種人成熟且穩重，因為他所說出的話都是經過深思熟慮的。

如果交談時說話速度突然變慢，可能是有些事情讓談話者猶豫不決。透過放慢說話速度，大腦可用幾秒鐘的時間去思考。如果你發現交談時對方說話速度突然變慢，這就表示他在思考事情的進展及方向，你應該提高警覺。

可以這樣說，說話速度是一個人表達性格的方式之一。另外，透過說話速度的變化，我們也能察覺出對方內心的微妙改變，從而做到心中有數地交往與溝通。

10.怎麼想就會怎麼「坐」

生活中處處都有坐具，也隨處可見坐姿各異的人。心理學家研究發現，透過一個人的坐姿，也可以瞭解到其性格和心理特點。

開會時，我環顧會場，只見經理正襟危坐、目不斜視，給人一種威嚴、嚴謹，力求完美的印象。而一個部門經理則側坐在椅子上，給人心態放鬆的感覺。縱觀五花八門的坐姿，我發現裡面竟然蘊藏著很重要的資訊。

散會後，我迫不及待地將這個發現告訴同事馮士濤，沒想到他白了我一眼，說：「你才知道啊！」

受到同事的「嘲笑」後，我決定抓緊時間惡補一番，最後有了一些的發現：

① 一隻腳別在另一條腿的後面。

這是難度較高的坐姿之一，通常出現在初涉社會沒有自信的人身上，他們所表達出來的心態是膽怯、羞澀和缺乏信心。

102

②身體蜷縮成一團，雙手夾在大腿中間。

這種坐姿顯然是下級犯了錯誤聆聽訓斥時的姿勢，他們透過這樣一種畢恭畢敬的姿勢表明自己已經認識到錯誤，並會以謙遜的態度繼續學習、改正，從而讓自我成長。

③身體前傾，直視對方。

這種坐姿表明對方態度誠懇，十分尊重與之交談的人。透過這種姿勢傳遞的信號，我們不難得知對方的尊重和信任。

④翹著二郎腿坐著，無論哪條腿放在上面，都很自然。

說明這個人比較有自信，懂得如何生活，周圍的人際關係也比較融洽。如果翹著二郎腿坐著，並且一條腿勾著另一條腿，那說明這個人為人謹慎、矜持，沒有足夠的自信，做事甚至有些猶豫不決。

⑤腳尖併攏，腳跟分開地坐著。

說明此人做事易猶豫不決，習慣獨處，交際只局限在自己感覺親近者的範圍內。不過，這樣的人很有洞察力，能以最快的速度對他人的性格做出準確的分析和判斷。

⑥把雙腳伸向前，腳踝部交叉。

說明此人喜歡發號施令，天生有嫉妒心理。研究表明，這還是一種控制感情、控制緊張情緒和恐懼心理，很有防禦意識的一種典型坐姿。

⑦敞開手腳而坐的人。

暗示了此人領導者的氣質或支配性的性格，也可能是性格外向，有時過於自大。

11.禮貌過頭意味著什麼？

講禮貌是為人處世的基本要求，但是禮貌過頭，就會產生適得其反的效果。不但讓人產生厭煩心理，而且還會認為你在拒絕他。

多年不見的老同學讓我幫他一個忙，這個忙可不是小事情，它涉及到原則性問題。該如何拒絕他呢？我陷入了苦悶中。最後，我想出了一個很好的解決辦法。對老同學的到訪，我表現得異常彬彬有禮，用過分的禮貌暗示他我是在拒他於千里之外。最後，這位老同學十分知趣，再也不提幫忙的事情了。

人際交往中同樣是這個道理，如果哪天有人對你過分客氣，那就表明對方在拒絕你。反之，如果你能掌握好禮貌的尺度，既可以顯示個人修養，又有助於人際關係的維護。

曉峰調至總公司，這一切多虧了總經理的暗中相助。為了表示對總經理的感恩戴德，每次交談，曉峰都會畢恭畢敬。

有一次，曉峰為了表示自己的感激之情，接連用了「謝謝您」、「太感謝您了」、

「您對我實在太好了」等多個表達謝意的句子。

可是，曉峰的禮貌並沒有讓總經理感覺到舒服。有一天，曉峰下樓時明明看到總經理也要下樓，但他一看見曉峰，立刻縮回了腳轉身走回辦公室。為此，曉峰很難過。為什麼百般感激總經理，他反而要躲開呢？

實際上，適度的禮貌可以讓雙方交往得輕鬆自在，而過分的客氣則會讓對方感到虛偽。當曉峰懂得這個原則後，面對總經理表現出不卑不亢，落落大方的交往姿態，不久就和總經理的關係更近了一層。

其實，每件事存在正反兩個方面，禮貌也不例外。那麼，如何把握禮貌的分寸和尺度呢？

①講禮貌是交往的前提，只有懂禮貌之人才會容易被他人接受。反之，一個不懂禮儀，滿嘴汗言穢語的人，大家都會躲得遠遠的。

②禮貌的細節要根據當時的環境和氣氛而定。如果當時的氣氛需要你表現良好的教

養，尊重對方，那麼你就應該表現得彬彬有禮；如果當時對方正興致盎然，需要你湊趣時，你就不妨打消呆板的禮節。

③過分的禮貌等於給人無形的拒絕。不要重複使用「謝謝」、「太感謝了」這種表達同類意思的禮貌用語，以免給人帶來拒之千里的感受。

總之，講禮貌高明的方法應該是：既讓對方感覺你有教養、講禮貌，而又不會因此而阻礙你們關係的融洽。

12.尖酸刻薄之人的內心世界

在生活中，我們經常遇到這樣一種人：他們外表斯斯文文，但是滿嘴尖酸刻薄的話語。你想過沒有，在這樣的話語背後，這些人又在想些什麼呢？

朋友陳洋之唉聲歎氣地對我說：「最近倒楣透了，真不知道細細是怎麼想的。那麼文靜的一個女孩，竟然如此尖酸刻薄。」

聽到陳洋之的抱怨，我的好奇心立刻被勾了出來，連忙問發生了什麼事。

陳洋之和細細是同事，二人交情向來很好。可是不知道因為什麼，最近細細總是在找陳洋之的麻煩，今天的一件小事竟然成為了矛盾的導火線。

事情的經過是這樣的：午休時間到了，陳洋之和部門幾個同事湊在一起研究服裝的最新流行款式，細細看見這幾個人有說有笑，並不斷指指點點，就怒氣衝衝走到陳洋之面前，劈頭就是一頓數落：「你以為世界上只有你懂得如何穿衣打扮嗎？自己也不照照鏡子看看，你本身就是一個沒品味、沒趣味的人。」

細細的一番話讓陳洋之頓時愣住了，他萬萬沒有想到，外表溫順的細細竟然說出如

此刻薄的話。

陳洋之對我說，聽完細細的話，他的心裡彷彿堵了一塊大石頭。

「她究竟在想什麼？為什麼要這樣說我。」陳洋之對我說的時候，眉頭緊皺。

生活上和職場中總有尖酸刻薄的人存在，不管得罪了誰，他都要鼓起如簧之舌，喋喋不休地用惡毒語言攻擊對方，使得對方狼狽不堪，自尊心極度受傷。那麼，這些人心裡在想些什麼呢？

一般情況下，尖酸刻薄之人通常分為兩類：低級別型和高級別型。

所謂低級別，就是社會中類似歇斯底里「罵街」的方式。通常有三種共同特性：

① 言語粗俗。

② 一招制敵。

③ 無休無止。

這種類型的尖酸刻薄之人通常文化素養比較低，缺乏涵養，他們不注重個人的形象，熱衷於八卦。如果有人招惹了他，他的嘴可就糾纏個沒完了。在用尖酸的言語「損」別人的時候，他們內心獨白通常是：「我誰都不怕，不要惹我。」從這段獨白中我們不

難看出，他們通常是自卑之人，用惡劣的言語攻擊別人，以「捍衛」脆弱的內心。

較高級別的尖酸刻薄是指知識層次到了一定程度的人所用的方法，這種人喜歡算計別人，雖受過教育，但是缺乏教養。

與低級別的尖酸刻薄相比較，他們顯露出唯我獨尊的姿態。表面上看似對別人的言語攻擊，其本意是在向對方彰顯自己的優勢或權威。

這些人的尖酸刻薄表露在說話的態度和方式，他趾高氣揚的樣子實際上是在向對方叫囂：「你竟然敢和我比。」在他們的潛意識裡，自己是最強大、最優秀的人，如果在這一方面受到了他人的挑戰，則會表現出極端的刻薄方式。

以上就是尖酸刻薄之人的內心互動，當我們清晰地知道他在想什麼的時候，就能夠輕鬆自如地應對。

13.吹噓背後的真相

在生活中我們總會接觸到這種人，他們希望用說大話的方式來強化別人對他的賞識。殊不知，這種方式並不會發揮正面作用，反而將自己焦慮的情緒表露無遺。

「想當初，我是公司裡的ＩＴ高手」、「沒有我辦不成的事情」，同事阿楠總喜歡自吹自擂。開始時，他在公司裡贏得了很多讚許的目光，但是隨著彼此瞭解的深入，大家都對這些大話嗤之以鼻，認為他「生怕別人不知道」。當眾人對阿楠的做法不屑一顧的時候，我卻從中看出了端倪，他這個行為的背後隱藏著一顆焦慮的內心。

眾所周知，焦慮是負面情緒之一。在現實生活中，由於職場競爭激烈、生活壓力過大，很多人的內心籠罩著沉重的陰影，憂慮重重。這是現代人的通病，雖然它不屬於生理性疾病的範疇，但是心理太過壓抑，時常克制自己卻又沒有良好的疏通管道，讓性格中內斂的因素急劇成疾，開始對四周的人或事物變得焦躁不安，給自己的心靈套上了沉重的枷鎖。有時候，他們想努力打開這把枷鎖，但卻苦於找不到有效的途徑，最後走上一條錯誤的宣洩道路——自吹自擂。

為了加快資金流動，公司決定分配給每名員工一批滯銷貨，讓其代售。

得知這個消息時，安潤內心十分忐忑，根據他目前的情形，根本沒有銷售管道。雖然心裡這樣想，可是安潤的嘴上卻說：「就這點貨物，小意思。」同事們聽了，紛紛將目光投向他，更有同事討好似地說：「沒想到你真能找到銷路，如果這樣，能不能幫我賣出去一些。」

安潤拍了拍胸脯，說：「這包在我身上了。」自己的那份滯銷貨還沒有著落，安潤又大方攬了好幾份。

回到家中，安潤寢不能寐，他輾轉反側地想：「該怎麼辦啊？本來自己心裡就沒底，這下可好，又攬來這麼多貨物。」

最後，安潤無奈地自掏腰包將滯銷貨都買了回來。可是在公司，他依然高聲說：「你看我說的沒錯吧！」

英國有一個心理學家叫愛森克，他在人格理論方面主張人格維度，「維度的一個極端是外在表象，另一個極端是真實表露，所以在維度之間有許多等次。」他認為，極端外在表象和極端真實表露的人是少數，大多數人是綜合性的。愛森克的人格維度理論對

心理學界的影響很大，所以業界普遍認為外在和內在性格是可以在維度上移動的。正如故事中的安潤，由於他內心焦慮，最後將自吹自擂的外在表現顯露出來。

當我們得知了這些，就會知道那些自吹自擂者的真實意願。從而會更加清晰地瞭解其為人，懂得該如何與之交往。

14.從打招呼來判斷一個人

不要小看打招呼，它是聯絡感情的有效途徑，溝通心靈的廣闊平臺，增進友誼的溫馨紐帶。

我們每天都會和各式各樣的人打招呼，或是朋友，或是同事。一開始，打招呼的範圍只限於熟人之間，隨著人際交往越加密切，和陌生人打招呼也屢見不鮮了。起初，打招呼的目的只不過是生活禮儀的形式。慢慢地，招呼被賜予了新鮮的含義，那就是表達了想與對方進一步交往的請求。

田田是人見人愛的女孩子，每個與她接觸的人都會誇讚她。難道她有什麼征服人的秘笈嗎？田田搖了搖頭，告訴大家說：「與人交往沒有什麼秘笈，主要是注重一些細節。拿打招呼來說，你每天都微笑著和別人打招呼，別人的心情自然會受到感染，覺得神清氣爽。」

田田的幾句話就點破了夢中人。如果我們想和其他人取得良好的友情，那就絕對不要輕視打招呼。只有照面打個親切、友好的招呼，才能將個人內在品格和修養表現出來。

114

正是因為這些，透過觀察別人打招呼的方式，我們就能夠看透他的性格特徵，洞察其內心世界。

①打招呼時，眼睛直視對方。

通常，這樣打招呼的人都有強烈的自我意識，不喜歡站在對方的角度思考，希望自己永遠占據主動位置。習慣性從自我角度看問題的他，在交談中總會具有試探性和攻擊性，彷彿一隻充滿警惕的野獸，生怕別人搶占了自己的地盤。透過打招呼時咄咄逼人的目光，我們不難窺探其防備心理。

遇到這種人，我們可以用柔和的目光和輕鬆的談吐來化解對方的攻勢。「百煉鋼鐵變繞指柔」，既然你很硬，那麼我就採取以柔克剛的戰術。切記，遇到直視的目光，不要與他針鋒相對，那樣一來只能讓氣氛變得更加緊張，增加雙方的敵意。

②打招呼時，眼神左顧右盼。

上面提到眼神直視的人是想占據交往中的優勢，而眼神左顧右盼者往往會落荒而

逃。為什麼要這樣說呢？不敢看對方的眼睛，眼神迷離的人內心充滿了恐懼，沒自信的他會在打招呼時逃避與人的接觸。

這樣打招呼的人，為人處世通常沒有自信，內心焦慮、恐懼，將自己放置在不平等的交往位置上。

③打招呼時，過分親熱。

有的人見了面，非要大幅度握手甚至擁抱，遇到這種情形通常有兩個情況：一個是對方與你非常熟悉，雙方之間沒有任何隔閡，不分彼此；另一個是這個人是你的強勁對手，他需要用過分招呼的行為來較量內力，想給對方一個下馬威。

綜上所述，雖然打招呼是一個很簡單的事情，但是卻能以小窺大。透過這個行為，不但可以表示出尊重、友好之意，而且能夠加深彼此感情，有助於進一步交往。

15. 為什麼要唱反調？

從心理學的角度上來講，愛唱反調通常是自卑心理作祟。自卑者用唱反調的方式來做心理防範，當自己在某方面比較弱勢的時候，就開始故意貶低事情的價值。

一直以來，我都認為愛唱反調的人心理很脆弱，由於自卑心理作怪，他們缺乏自我價值感。為了顯示自身的價值，保護受傷的自尊心，他們試圖建立一種自我評價的標準，以自欺欺人的方式來占據某種心理優勢。

張女士最近很煩悶，她的女兒這次考試的班級排名下滑了很多，成績浮動得十分屬害。正在這時，她聽到要好朋友的兒子排名全校第一，心裡頓感不是滋味。於是，她逢人便說：「成績好有什麼用？看某某兒子，書呆子一個。」

其實，張女士的內心十分自卑，認為女兒成績差自己就低別人一等。由於這種心理作怪，張女士才有了以上的反調言論。

在生活和工作中，受到外界的刺激，難免會感覺到自己不如別人或做事不如意，於是開始低估、不信任自己，認為自己不能擔以重任。深受自卑心理折磨的人在生活和工

作中找不到半點樂趣，還會甘願身居自認為的「劣勢」地位，不敢積極爭取，從而導致不思進取，甚至停滯不前。當自卑者用唱反調的方式來表達內心感受時，正是性格缺陷的表露，往往表現為對他人的能力、品行評價過低，同時包含一些不利的情緒在裡面，例如煩躁、抑鬱等等。

心理學家馬斯寇里把唱反調稱為「反對依賴」，他認為這是從內心依賴轉向獨立的階段，在還沒有擺脫外界因素和客觀條件的束縛前，自卑者用反抗的態度和方式來宣洩內心的感受。那麼，該如何擺脫自卑心理，不再繼續唱反調呢？

① 擺脫自卑心理的方式：

1. 自卑心理是一種性格障礙，會阻礙個人的發展，成為前進道路上的絆腳石。如果想長足的發展，那麼首要任務是搬掉腳下這塊石頭，大步前進。

2. 除了自身的努力，朋友和同事也是擊破自卑心理的強大力量。有了他人的關懷，有自卑障礙的人可以在集體環境中得到鍛鍊和陶冶，從而克服自卑心理，提高人際交往能力。

3.自卑能摧毀一個人，讓他自甘墮落，也能使一個人發奮圖強，在自卑中找尋可以利用的特長來彌補自己的弱點。有自卑心態的人應該採用科學、正確的方式去改變自己的心理，有效脫離完全自卑的狀態，改善心境。對於這些人來說，透過在自卑中尋求正確補償途徑彌補自己的不足，才能真正使自卑成為人格發展的動力。

②改善唱反調習慣的方法：

1.肯定自我。和別人唱反調，是缺乏自我肯定的一種方式。通常，這樣的人無法忍受別人強於自己，然後便與之「針鋒相對」。他們以為這樣能夠顯示自己的競爭力量，殊不知這是一種惡性循環。

2.將自己的不滿表達出來。唱反調實際上是反駁和對抗態度的隱形表達方式。如果你心中存有不滿情緒，不如面對面直接表達。坦誠的表達不但不會引起他人的反感，反而會得到對方的幫助和扶持。

16. 口頭禪的「潛臺詞」

「口頭禪」最初是佛教禪宗用語，本意指未經心靈證悟就把一些現成的經言和公案掛在嘴邊，裝作很得道的樣子。後來，口頭禪有了新的含義，特指個人習慣用語。透過未經大腦脫口而出的口頭禪，我們也會發現深藏在其後的含義。

一位知名人類行為學家說：「人類有兩種表情，一種是臉上所呈現的表情，另一種是說話時傳達給對方的資訊。」由此可見，人類的第二表情非語言莫屬。口頭禪是一個人使用頻率較高的一個辭彙，它具有某種心理投射功能，在一定程度上折射出說話者的內心世界。

好友奧拉的口頭禪是：「好的」。主管分配她任務時，她說「好的」；同事請她幫忙時，她會說「好的」……在奧拉的心中，彷彿從來沒有想過去拒絕別人，哪怕是自己不願意完成和幫助的事情。她認為拒絕是一件傷害他人的行為，不管是否覺得好，她都會答應。為此，奧拉總在生自己的氣，過得很苦惱。

當我透過「好的」這句口頭禪指出奧拉心裡的想法時，她對我的感激之情溢於言表。

為了讓奧拉不給自己帶來額外的麻煩和負擔，我勸她多學學委婉拒絕人的方式，以便幫助自己。

其實，我們說話時沒有口頭禪並不妨礙語句的表達，但是它們為何不經大腦防範脫口而出呢？原來，口頭禪之所以存在是因為對事情的主觀意識已經悄然植入心靈並且折射出來。一般來說，口頭禪帶有濃厚的個人色彩，這種使用率極高的語言模式暴露了個人為人處世的價值觀。如果稍加留意，我們就不難發現口頭禪與心理活動的聯繫，從而捕捉到對方心靈發出的訊號，進入他隱密的內心世界之中。

口頭禪1：為什麼？

不管什麼事情，奇奇的口頭禪都會是「為什麼？」

有一天，公司宣布為每名員工多發一個月的薪水以示獎勵時，奇奇的口頭禪脫口而出：「為什麼？」

一個同事捏著鼻子學著奇奇的聲音，說道：「為什麼呀？」

一陣哄堂大笑後，奇奇也羞紅了臉。

潛臺詞：重複使用這句口頭禪的人心理臺詞通常是「解釋清楚」。或是出於對自己的沒自信，或是出於強迫自己搞清楚一件事情，他們需要用「為什麼」這種潛意識的語言來表示出內心的疑惑。

性格特徵：這類人群性格敏感多疑，甚至有幾分神經質。

如何改進：提醒他對某些事情沒有必要追根溯源，偶爾糊塗正是代表著睿智，大智若愚就是這個道理。

口頭禪2：行不通。

部門成員圍坐一圈正在討論一個創意的時候，李明的一句「行不通」如同一盆冷水澆在每個人心上，激情瞬間被湮滅。

李明意識到自己的口頭禪打擊了大家的興趣後，連忙道歉，並表明這是自己的口頭禪。誰知，越描越黑，因為大家都知道口頭禪就代表著內心的潛臺詞。

潛臺詞：把「行不通」掛在嘴邊，表明自己在懷疑一切。因為不確信結果，所以就懷疑一切，這不是防微杜漸，而是為沒自信和不敢承擔結果找推托之詞。

122

性格特徵：這類人是典型的完美主義者，他們容不得半點差錯。可是，他們顧慮更多的是自己的感受，很難設身處地為他人著想，往往把一些意外因素主觀地歸結到他人身上。

如何改進：世上沒有十全十美的事情，多疑、苛刻的完美主義者會隨著事情的發展察覺出更多的不如意。此時，試著放輕鬆一些，心理狀態就會大為改善，神情自然也就沒有想像中的那麼糟糕了。

日常交往中，還有一些口頭禪需要瞭解：

① 「說真的，不騙你」。

這種人有一種擔心對方誤解自己的心理，性格有些急躁，內心常有不平。

② 「應該，必須」。

此類人自信心極強，顯得很理智，為人冷靜，自認為能夠將對方說服，令對方相信。

另一方面，「應該」說得過多的時候，反映了有「動搖」的心理，長期擔任領導者工作

的人，易有此類口頭禪。

③「聽說，據說」。

之所以用此類口頭語，是說話者想給自己留有餘地的心理造成的。這種人的見識雖廣，決斷力卻不夠。很多處世圓滑的人，易用此類口頭語。

④「可能是吧，大概是吧」。

說這種口頭禪的人，自我防衛本能甚強，在處事待人方面冷靜。同時，也有以退為進的含義。事情一旦明朗，他們會說：「我早估計到這一點」。

⑤「但是，不過」。

這類人有些任性，因此，總是提出一個「但是」來為自己辯解。另一方面也反映了溫和的特點，因為它的委婉之意，不致令人有冷落感。

第三章

廣交人：人脈廣，
財脈才會廣

　　「人脈」是一種資源，在某種程度上是用之不盡的。人際關係其實就是累積對自己有利的人脈資源。如果你不甘於平庸，就必須不斷拓展交往圈子，廣交人脈。當人脈廣了，財脈自然也會隨之水漲船高。

1. 商場是人場，人脈是財脈

希歐多爾・羅斯福曾說：「成功的第一要素是懂得如何搞好人際關係。」曾經有人統計：一個人事業的成功，八○％歸因於人際關係，二○％來自於自己的能力。

初入職場時，我自認為只要努力工作就可以出人頭地。我總是對自己說：「努力工作，是金子總會發光的。只要老闆知道我在辛勤工作，自然會給我加薪升職。」就這樣，大多數日子我都埋頭做事，將自己埋沒在一堆又堆的文件中。

事態的發展和我想像的並不一樣，雖然老闆給我升職加薪，但是與其他人相比卻差了一大截。於是，我開始反思究竟是哪裡出現了問題。直到有一天，我聽到「商場是人場，人脈是財脈」這句話，才感覺如同醍醐灌頂，突然醒悟過來。我猛地一拍腦袋，終於明白了同事米琪成功搞定一筆又一筆生意的真相。

公司裡的業績與個人薪水直接掛鉤，每個月劉森文的業績在公司內都是數一數二的，自然也會得到大筆大筆的獎金。當時我很傻，總是在想：「劉森文的工作能力真強，我要向他學習。」事實上，劉森文的工作能力與我不相上下，但是他非常注重人脈關係。

年末，公司照例舉辦新年舞會。舞會上，公司高層和員工歡聚一堂，除此以外，還會請來很多大客戶。每年舞會都是劉森文最忙碌的時候，他會和許多客戶寒暄。正是因為劉森文的熱情，很多客戶和他成為朋友，劉森文的人際圈在無形中越擴越大。

就這樣，劉森文注重一切構建關係網的機會，他認識的朋友逐漸增多。慢慢地，很多朋友成為了劉森文的客戶，劉森文的訂單越簽越多，越簽越大。

有一家大型人力網站，曾經對人脈關係做過一次系統的調查，調查顯示良好的人脈關係對職場生涯有著極大的幫助和影響。根據資料分析顯示，能夠主動建立人脈關係的約占四八％，透過朋友介紹，間接增長人脈關係的人群約為三四％，只有九％的少數人群十分被動，他們總是期望著別人能夠找上門。另外，分析結果表明，在外資企業工作的員工主動結交朋友的意識十分強烈，大約占總體數量的五〇％；國營事業的員工讓朋友介紹占四〇％，自己主動認識占四三％，其結果十分接近。劉森文之所以能夠成為公司裡的佼佼者，就是因為他不僅有工作能力，而且還知道要多認識人，拓展人脈關係。

在瞭解工作不能苦幹、蠻幹後，我誠懇地去請教同事劉森文，如何才能讓自己人脈更廣，爽朗的劉森文告訴了我幾點人際關係技巧：

①結交朋友之前一定要明白這樣的道理：為自己建構一張人際關係網。這張關係網裡的人要有能力、有影響力，當他們察覺你的優點和不足時，就會給你提供事業上的建議，使你長期保持敏銳性。

②想要認識更多的人，除了要擴大交際範圍外，還要調整自己的溝通風格和管道。在交往中一定要懂得如何向對方表達好感，這是一個十分重要的步驟。只有透過良好的表達，才有可能與最具影響力的人物建立聯繫，給對方留下深刻的印象。

③人脈的累積是長年累月的，應該讓廣交人脈成為工作和生活中的一個習慣。不管是一條人脈也好，由人脈伸展出去的人脈也罷，都需要付出長期的關心與呵護。只有這樣，才能在不經意間一點一滴建立起屬於自己的人脈網路。

④朋友之間的關係同樣需要維護和經營，平時要多與朋友聯繫，同時適當拜訪，這樣可以培養感情。友誼的培養需要累積，這樣的人脈關係就能保持持久穩固的狀

態。

劉森文給的建議讓我受益匪淺，我試著按照他所傳授的方法去做，果然得到了不同凡響的效果。那一年，我的業績直線上升，還在同年被公司評為「優秀員工」。如果你也想盡快的獲得成功，那麼就要營造好自己的人脈關係，要知道人脈就是隱含的財脈。

2. 熟練掌握六度空間法則

在經濟迅速發展的今日，人脈關係已經完全融入社會，不相關的人可以透過六度空間法則聯繫在一起，這已經成為人際交往的普遍規律。

美國心理學家米爾葛蘭，在二十世紀六○年代末期提出了六度空間法則，此原則表述為：「指在這個社會裡，任何兩個人之間建立起來的一種聯繫最多需要六個人，無論這兩個人是否認識，無論他們生活的多麼遙遠，他們之間只有六度空間。」說到這裡，你也許會感到詫異，六個人就能夠促使陌生之人建立起聯繫嗎？我們姑且不去討論米爾葛蘭提出六度空間法則能否成立，但是有一點我們不得不相信，資訊化的今天，人與人交流更為便捷，地球如同一個大的村莊，不管熟知還是陌生人的聯繫將會更為密切。

以我為例，我身在臺灣，卻和大洋彼岸的一個未曾謀面的網友互稱為知己。看來，地球村的時代已然來臨。遍及全世界的通訊網絡可以讓你我之間的溝通暢通無阻，使相隔的距離為零。

如今的時代，人脈關係變得尤為重要。透過六度空間法則，我們可以認識任何一個

想結識成為朋友的人。千萬不要將自己封閉起來，不要錯過任何一個交朋友的機會。只有這樣，以你為中心的關係網才會越發牢固。

王子璿是一個聰明的女孩，她十分善於利用六度空間法則來拓展自己的人際關係。

開朗隨和的她不但喜歡結交朋友，而且更樂於透過身邊朋友去認識更多的人。

每到週末，公司都會舉辦歌唱班。王子璿雖然人長得很漂亮，卻沒有一點音樂天賦。

不過她每週必到，為別人端茶倒水忙得不亦樂乎。

有的同事見狀，問道：「妳不是對唱歌沒興趣嗎？怎麼總來這裡為別人服務啊？」

王子璿爽朗地笑著說：「我是不喜歡唱歌，可是其他部門的同事和很多客戶都會來參加。我在這裡幫忙，就能認識到更多的人，既維護了老朋友間的友情，又透過朋友結識朋友，這是多麼難得的機會啊！」就這樣，王子璿總會適時為前來K歌的人遞上飲料和擦汗的紙巾。結果，她真認識了很多新朋友。透過這個平臺，王子璿不但和公司其他部門的同事混熟了，還透過同事認識了很多陌生的面孔。當然，大家對這個愛說愛笑，樂於助人的女孩子更是印象深刻。

金融危機襲來，王子璿所在的公司開始大規模裁員。很多員工都在為自己的未來而

擔憂，一籌莫展。只有王子璿例外，她並沒有考慮自己被裁掉怎麼辦，而是在一個又一個邀請函中進行選擇。這些朋友得知她所在的公司要裁人，就紛紛邀請王子璿來自己的公司任職。最後，王子璿經過深思熟慮，選擇了一家發展空間很大的企業去工作。結果可想而知，善於經營人脈的王子璿在新公司同樣做得很順利，深受主管和同事好評。

充分利用六度空間法則，就會讓很多陌生人透過特定的方式聯繫在一起，並且隨著交往的深入建立起深厚的友誼，從而擴充自己的人脈資源。基於這一個法則，我奉勸各位不要放棄任何一個與人接觸和交往的機會，同學聚會、朋友小酌，甚至公司舉辦的各類活動都可能讓你認識更多的人。如果你想在遇到困難的時候有貴人從天而降，那麼就要合理運用六度空間法則這個法寶，用真誠和熱情為交際圈源源不斷累積能量。一旦以你為中心的朋友圈擴大，友誼的碩果自然掛滿枝頭。

蒲松齡說：「天下快意之事莫若友，快友之事莫若談。」結識朋友無疑為人生快事，而六度空間法則可以幫助我們最快達成。我個人認為，六度空間法則在生活和工作是一個非常有效的理論，只要你能夠與人坦誠相處、熱情主動，一定會獲得甜蜜的友誼，擴大社交圈子，成為人際交往的佼佼者。

132

3. 好形象才有好印象

雖然說做人不能以貌取人，但並不代表我們可以忽略一些外表的形象。一個穿著得體且姿態大方的人無疑會給別人留下深刻的印象。

每天出門前，我都會照照鏡子，看看自己穿著是否合適，衣服有沒有皺褶。有的朋友總在嘲笑我「臭美」，我沒有正面回答這個話題，而是反問他：「你是否覺得我比其他人稍微幸運一點，總是給別人留下一個良好的印象？」當得到對方肯定的答覆後，我會半認真半開玩笑地告訴他：「如果你像我一樣『臭美』，出門前多照照鏡子，你也會受到幸運之神的眷顧。」

我出門照鏡子的習慣並不是因為「臭美」，而是要防範一切因為形象而弄得糟糕的事情發生。因為，這些糟糕的事情很容易讓別人笑話，一旦遭到別人的笑話，我的印象就會在人家的腦海中大打折扣，更不能指望別人會好好尊重我。一個人的穿著打扮不同，會給別人留下不同的印象，自然對交往對象產生不同的影響。心理雜誌上說：「外在形象雖然不能代表一個人，但是你給別人的印象，尤其是第一次的感覺，九○％都來自於

「你的穿著和儀表。」

我的一個朋友是行為學家，他曾經做過這樣一個實驗。

首先，他讓一個人穿著整齊，西裝革履，儼然一副紳士模樣。這位紳士來到熙熙攘攘的大街上，他不斷向人問路，路人對他都很有禮貌，問路者和回答者都彬彬有禮。

接著，行為學家讓這個人換上很邋遢的裝束，讓他再次去問路，很少有人願意多和他說上幾句，只有幾個不良青年願意向他靠近，詢問他是否合夥去偷竊。

透過朋友的這個實驗，我更加清晰的認識到一個人會因為形象的不同而給別人留下不同的印象，對交往對象產生不同的影響。

如果你在見客戶前仔細打扮，不但是對別人的尊重，也是對自己的尊重。如果在聚會前你選擇一身得體的服裝，就會給他人留下清爽、幹練的印象。反之，你的衣服皺巴巴，且很不得體，對方就會覺得你是一個粗線條之人，想必沒人願意和粗心之人打交道。

一定要把自己的眼睛當成別人的眼睛，當形象良好的時候，你才會變得更加完美。

可見，一個人的儀表和外在形象在人際交往中占有舉足輕重的地位。好的形象如同一張名片，它隨時都在告訴別人你的品味、地位、性格、習慣、修養等個人資訊。得體

的裝束凸顯了你的品味，得體的舉止展現了你的修養，端莊的儀表則會讓你信心倍增。

以下提供幾條如何打造好形象的建議讓大家參考：

① 服裝要與自己的身分和所出席的場合相配合，無需奢華品牌，自然大方就好。

② 奇裝異服或搭配繁瑣的衣服盡量少選擇，簡單而端莊的裝扮才是最好的選擇。

③ 穿著要揚長避短，選購衣服更要考量是否適合自己，萬不可凸顯了衣服，而暴露自己的缺點。

④ 不要在別人面前做太多小動作，一些不雅的動作和壞習慣一定要避免。

只有在注重內在氣質的同時打造好自己的外在形象，才會讓自己變得更加引人注目，給他人留下良好的第一印象。試問，有誰不願意把自己最好的一面展現給別人，樹立自己在他人心目中的良好形象呢？

4.完美溝通成就完美交際

溝通是一門藝術。每一個人都不可避免的要與他人打交道，如何有效達到自己所預期的目的，關鍵在於是否擁有良好的溝通能力。

我們無時無刻不在與人進行溝通，生活上需要和親朋好友溝通，工作上需要和上級、同事溝通。溝通是如此重要，但是我卻時常聽到這樣的聲音出現：「對不起，您能點明具體意思嗎？」、「麻煩您再說得明白點」、「不好意思，我理解不了」⋯⋯這些話我們都不會陌生，聽到這種回答後心中就會充斥失落感。為什麼會產生這種狀況呢？如果你發現自己與他人交流不暢，或者想要完成的目標沒能達成，那就要想一想是否是因為自己沒有與他人進行良好的溝通。

古時候，一個秀才去市集上買柴，他對賣柴人說：「荷薪者過來。」賣柴人左顧右盼，並沒有聽懂秀才說的話，於是站在原地紋絲不動。

秀才搖了搖頭，走上前去，問：「其價如何？」

賣柴者還是聽不懂，就試著問道：「你是和我說話嗎？我的柴非常便宜，兩文錢一

136

擔。」

秀才摸了摸木柴說：「外實而內虛，煙多而焰少，請損之。」原來，秀才想和賣柴者討價還價，就說木柴外面是乾的，可是裡面還有些濕。如果燃燒起來，火苗小濃煙大。可是賣柴者根本聽不懂這番話，一氣之下挑起擔子走了。

秀才雖然博學多才，卻連最基本的溝通能力都沒有。他在買柴的過程中沒有用簡單的語言和易懂的辭彙來與人溝通，而是用了過多的繁瑣、修飾話語。這樣一來，他與賣柴人的溝通遇到了阻礙，自然達不成買柴的目的。

如果你想要擁有良好的溝通能力，就必須要知道以下幾點：

①溝通過程中運用最多的就是語言，語言不需要追求華麗的辭藻，樸實、真誠、言簡意賅的詞語恰恰能發揮畫龍點睛的妙用。

②與人溝通的過程中要恰當地發表評論，讓對方感覺到你的互動。比如，適當運用「我知道了」、「您說得很清楚」、「我已經明白了」等諸如此類的語言，不但

能給對方鼓舞，還能讓雙方盡快地達成共識，以便順利促成事情的成功。

③良好的進行溝通是一個雙向的過程，一切有賴於你能否準確抓住對方的注意力，並正確表達你所要闡明的事情。只有做到了這些，才會給對方留下一個完美的印象，最後達成共識，獲得成功。

溝通是每個人在社會生活中經常遇到的問題，人與人之間要達到良好的溝通並不是一件難事。只要有意識地培養自己的溝通能力，就能建立一個輕鬆、和諧的溝通環境，才會與對方達成一致，實現溝通的預期目的，邁向成功。

5. 和陌生人說點家常話

和陌生人說話被認為是社交中一大難關，如果處理好，可以縮短雙方距離；如果處理不好，則會丟失一個潛在的朋友。

以前的我很怕和陌生人交往，每到這個時候，四目相對、侷促無言的局面就會出現。

為了能和陌生人更好地交流，我著實下了一番苦功。現在的我，可以在短時間內和陌生人成為朋友，也許你會認為我在吹牛，但是你繼續聽我講下去，就會發現其中的秘密。

一般來說，和一個素不相識的人說說家常話，能使對方產生親切感，比如說家庭、婚姻、朋友、自我感受等，這些都是極好的話題。

如果遇到中年女性客戶，我就會順其自然地和她談起孩子的教育問題。身為母親的客戶對這話題十分感興趣，漸漸地就會聊得十分熱絡，訂單自然而然就被簽下了。

如果客戶是年長者，我會謙遜地向對方請教有關養生方面的知識，雖然談話與工作無關，卻能和客戶成為「忘年交」，日後自然得到不少「關照」。

如果客戶很年輕，我就會將話題引向運動和時尚方面。

只要你懂得和陌生人聊些家常，就會籠絡住對方的心，消除彼此的陌生感。

雖然跟陌生人說點家常話是搞定人的絕招之一，但也有需要注意的事項：

①察言觀色，尋找對方感興趣的話題。

一個人的表情、服飾、談吐和言行舉止隨時都在透露著此人的心理狀態和興趣愛好等資訊，如果你擁有一雙善於觀察的「慧眼」，就能夠發現雙方的共同點。以此打破僵局，自然能夠讓對方解除戒備的心理，營造出輕鬆、和諧的交往氛圍。

②試探對方感興趣的話題。

與陌生人相遇，開口就談及家常話會顯得很唐突。為了打破沉默局面，最先要做的是開口說話。透過雙方自我介紹和寒暄就可以獲取些許資訊。

③在介紹中推測對方感興趣的話題。

很多朋友都是透過熟悉的人介紹的，在介紹對方的身分、工作單位、個性特點和愛

好的時候，細心的人會從介紹中發現對方與自己有什麼共同之處。從而有的放矢，找到共同的話題。

④挖掘對方感興趣的話題。

隨著交談話題的增多和內容的深入，雙方的共同點就會一一顯現出來。為了使交談進一步契合對方的心理，必須深入挖掘共同點。只有這樣做，才能如願以償與對方交往，消除陌生感。

只要你仔細觀察並熟練掌握家常話的交談技巧，就會縮短兩個人成為朋友的時間。

6.稱呼對人有多重要？

稱呼是人們在日常交往應酬中所用的稱謂語，只有懂得稱呼對人的重要性，才能讓自己的人際關係輕鬆自如地展開。

中國是擁有五千年文明歷史的禮儀之邦，自古以來，深厚的禮儀底蘊決定了對稱呼的嚴格要求。

某一次舞會上，我親眼目睹了由於稱呼錯誤所導致的一場尷尬。

一位漂亮的小姐在舞會上顯得是那樣的端莊、典雅，很多男士都想與她相識。這個時候，我身邊的一位先生走過去，對小姐說：「夫人，能夠和您認識一下嗎？」這位年輕的小姐頓時臉色發紅，有些惱怒地離開了。打招呼的男士滿頭霧水，根本不知道哪裡得罪了小姐。最後，我告訴他其中的原因。

看外貌和裝扮，這個小姐大概二十歲左右，按照年齡推測，她不可能已經結婚。可是你的一聲「夫人」讓小姐心懷不滿，於是拒絕與你認識。不稱呼或亂稱呼對方，都會給對方帶來不快。所以說，使用稱謂，應當謹慎，稍有差錯，便會貽笑於人。

為了避免故事中的尷尬，我給大家簡單介紹一下與稱呼有關的知識：

①稱呼的重要性。

在商務交往中必須選擇正確、適當的稱呼，因為它直接表現出你對對方尊重的程度，也反映自身的教養。如果對稱呼問題掉以輕心，就很有可能危及到雙方的關係發展，因此對它不能隨便亂用。

②稱呼的種類和用法。

1. 職務性稱呼是以交往對象的職務相稱，主要目的是以示身分有別、敬意有加，這是一種最常見的稱呼。

2. 職稱性稱呼是對於具有職稱者，尤其是具有一定級別者而言的。比如：李局長、林處長等。

3. 行業性稱呼是指對於從事一些特定行業的人，可直接稱呼對方的職業。如張律師、王醫生等。

4. 性別稱呼很好理解，按照一般常識，稱呼通常都是約定俗成地按性別的不同分別稱呼「小姐」、「女士」或「先生」，其中「小姐」是針對未婚女性，而「女士」是稱已婚女性。

5. 姓名稱呼是指在工作上稱呼姓名，一般限於同事、熟人之間。比如說琪琪、阿發等。

③運用稱呼時的注意事項。

1. 錯誤的稱呼。上面舞會中的尷尬例子就是屬於錯誤的稱呼，主要是對被稱呼人的年齡、輩分、婚否以及與其他人的關係作出了錯誤判斷。比如，將未婚婦女稱為「夫人」，就屬於誤會。其實對於年輕的女性，都可以稱為「小姐」，這樣對方也願意接受。

2. 稱呼使用不當。

3. 庸俗的稱呼。這種稱呼在正式場合並不適用，它容易讓人引起誤會。

綜上所述，不要小看稱呼，裡面可是蘊含著大學問。認識到稱呼的重要性，並合理運用稱呼，相當於你成功邁出人際交往的第一步。如果你想廣交人脈，那麼就從稱呼這個小細節的學問上開始關注吧。

7.尋找對方關心的話題

溝通中，一旦發現了別人也在關心著自己所關心的事情，大多數人都會產生一種無比親近的感覺。人際交往中，可以利用人們的這種心理，從關心對方最關心的話題入手，來贏得對方的好感，拉近彼此的距離。

看雜誌的時候，我看到這樣一則故事，故事內容如下：

一九八○年一月的某一天，一位身體硬朗、聲若洪鐘的健碩老人來到美國舊金山的一家醫院裡，他想要探望一名因為身患痢疾而住院的女士。可是醫院有著自己的規定，護士拒絕了老人探視的請求。

這名護士無論如何也想像不到，這位衣著樸素的老人正是通用電氣公司的總裁。而這名總裁聲名顯赫，曾被世界公認的電氣業權威雜誌——美國《電信》月刊選為「世界上最佳經營家」，他就是世界企業的鉅子——斯通先生。

那位身患痢疾的女士究竟和斯通先生是什麼關係呢？朋友？親屬？這些都不是，他所探望的女士其實是公司在加利福尼亞州的銷售員的妻子，這名推銷員叫做哈桑。

146

斯通先生親自探望員工家屬的事情一經傳開，公司上下頓時沸騰了。哈桑得知這件事後，既震驚，又對斯通感激不已。於是，他決定以努力的工作和輝煌的業績來報答斯通先生的關心和公司的厚愛。從此以後，哈桑工作得更加賣力，在他的帶動下，通用電氣公司在加利福尼亞州的銷售業績呈直線上升趨勢，在全美地區評比中名列前茅。

大家認為，通用電氣公司事業之所以能夠蒸蒸日上、長盛不衰，斯通先生功不可沒，因為他知道如何對員工付出真摯的情感。

如果你想和對方成為朋友，那就要像斯通先生那樣試著打動對方的心。也許你要問，該如何去做才能感動對方呢？讓我來告訴你，用對方關心的事來拉近彼此的距離就是真誠交往的不二法則。

每個人心中都有最柔軟的地方，有著自己最關心的事。在人際交往過程中，如果從關心對方最關心的人或事做起，就會贏得對方好感。

佳佳剛跳槽來到這家公司，在人生地不熟的陌生環境中如何結交朋友呢？她自有一套絕招。

透過兩天的觀察，佳佳發現同事王姐的兒子正準備參加學測，已經進入緊張的複習

階段。佳佳就利用下班時間在網上搜集各種大學聯考的複習教材，然後整理成冊交給王姐。佳佳的這個舉動讓王姐感動不已，兩人最後成為無話不談的密友。

佳佳懂得利用人的親情心理傾向，從對方最關心的人和事情入手，讓對方心存感激，最後成為了朋友。

如果你想結交更多的朋友卻又苦於無從下手，建議你試一下以上的法則，相信你一定會收穫頗多，成為人氣超高的「好人緣」。

8. 一開口就叫出別人的名字

記住別人的名字是對一個人最起碼的尊重。不管你是高高在上的國王，還是平凡的百姓都想得到他人的尊重。而人最重視、最愛聽，同時也是最希望他人尊重的就是自己的姓名。

我發現一個很奇怪的現象，那就是很多人第一次與陌生人約會或見面時，只關注對方的職業或者興趣愛好，而不記得別人做自我介紹時所提及的名字。這個現象導致了很多人碰到一些看似熟悉的面孔，卻喊不出別人的名字。我要說，如果你和對方交談，可是不知道他的名字，是對他人不尊重的一種表現。也許你會對我的說法不屑一顧甚至是嗤之以鼻，但是不管你相信與否，我所講的都是非常現實而真實的。一開口就叫出別人的名字不僅是對他人的尊重，而且是縮短雙方距離的有效途徑。

艾琳娜當老師已經十幾年了，在這些年中她送走了一批又一批的學生，即使達不到桃李遍天下的程度，至少也能算得上桃李滿園了。每逢教師節或者艾琳娜的生日，她都會收到來自各地的祝福賀卡和禮物，這些都是她學生送來的。

為什麼艾琳娜會受到這麼多學生的喜愛？難道她有著漂亮的外表嗎？顯然不是。原因是因為不管她接管的班級有多少學生，送走的畢業生有多少屆，她都能牢牢記住每一個學生的名字。

「妳怎麼可以記住這麼多學生的名字？妳的記憶力超群嗎？」曾經有同事問過艾琳娜。

艾琳娜回答：「我的記憶力和常人一樣，我之所以能夠記住這麼多人的名字，是因為我打從心底喜歡他們，尊重他們。在課堂上，大家是師生，課堂下，我們就是朋友。」

說完，艾琳娜還拿出一本筆記本給別人展示。只見筆記本上密密麻麻寫著每個學生的出生年月、興趣愛好、家庭住址和學習情況等，正是因為艾琳娜的用心，她和學生成為感情深厚、無話不談的朋友。所以，不管艾琳娜送走多少學生，這些學生都會和她有著密切的聯繫。

有誰不喜歡得到別人的重視呢？如同艾琳娜的學生，有如此尊重自己的老師，不管他們走到哪裡都會真心相待。在生活和工作中，我想你肯定不希望朋友或者同事記不住你的名字，這樣的感覺會讓你很尷尬，覺得沒有面子。

如果你想牢牢記住別人的名字開口就能叫出來，幾個小招數可以和大家一起分享。

①真誠對待每一個人。

只有真心的對待，你才會心甘情願的付出，在心底為對方留有一席之地。從而進一步溝通，發展友情。

②學會換位思考。

沒有任何一個人喜歡被忽略的滋味，如果你不想讓對方感到失落或難受，最好牢記別人的名字，並正確無誤地呼喚出來。

③記住別人的名字是一種尊重。

趙成剛經常去A市出差，每到A市，他都習慣下榻同一家飯店。有一天，他來到飯店櫃檯去辦理住宿登記，他還沒有開口，飯店櫃檯的接待人員就熱情地說：「趙先生，歡迎您選擇本飯店服務，希望您在A市的每一天都快樂順心。」

趙成剛吃了一驚，飯店每天來來往往要好幾百人，接待人員竟然能夠記住他的名字，一種回家的感覺油然而生。

學者馬斯洛認為：「人們的最高需求是得到尊重，當自己的名字為他人所知曉就是對這種需求的一種很好的滿足。」卡內基也說：「一種既簡單又重要的收穫好感的方法就是牢記別人的名字。」由此可見，善於記住別人的名字不但是一種禮貌，而且是一種感情投資，它會在人際關係中讓你獲得意想不到的效果。

我們如果希望自己能與他人良好地溝通，就一定要牢記他人的名字。

9.零成本高回報的交際法寶——讚美

猶太人有一句諺語：「唯有讚美別人的人，才是真正值得讚美的人。」想要順利搞定事情的人，一定要學會讚美。讚美如同一劑溫柔而有療效的良藥，可以讓他人心甘情願地與你交往，從而扶持你在未來的道路上越走越順利。

莎士比亞的一句話讓我記憶猶新：「讚美是照耀在人心靈上的陽光，沒有陽光，我們就不能生長。」孔子也說：「益者三樂，損者三樂。樂節禮樂，樂道人之善，樂多賢友，益矣。樂驕樂，樂佚游，樂晏樂，損矣。」莎士比亞的話很簡單，他就是想告訴我們其實每個人都希望獲得別人的讚美，沐浴在讚美聲中生活是一件無比美妙的事情。而孔子用講道理的方式提醒大家，要「樂道人之善」，多從別人身上看到優點、亮點，然後去肯定他，讚美他。

誰都希望自己被別人肯定，而讚美則是肯定對方的一種方式。不要吝惜你的讚美，因為讚美往往具有超強能力，能助你一臂之力。

小U所帶領的團隊是公司裡最優秀的。不管多麼具有挑戰性的工作，小U和他的成員都能完美達成。

眼看就到中秋節了，對於銷售公司來說這可是個「大日子」。總公司臨時將一個很大的促銷項目「塞」給了小U，這讓小U和他的成員措手不及。時間緊，任務重，團隊成員一個個怨聲載道，說：「總公司是在給我們分配一個不可能完成的任務。」看著隊員們一個個像洩了氣的氣球，小U鎮定地說：「我們仔細分析一下，看看有沒有按時完成的可能性。小A，你學中文出身，文案和廣告就交給你了，以你的聰明才智，這點工作簡直就是小兒科。小B，如果我沒有記錯的話你對統計學頗有一手，搞定專案中的資料應該不成問題。不用說，小C你是公司裡的人氣王，如果你出馬，多麼難纏的客戶都可以搞定，公關工作非你莫屬……」小U將工作逐一分配，指派工作的時候也沒有忘記讚美屬下一番。

聽了小U的分析，團隊成員突然覺得信心倍增，認為沒有什麼完成不了的任務。於是個個摩拳擦掌，準備大幹一場。自然地，消極頹廢的態度也被一掃而光。最後，小U和手下的成員不僅出色地完成工作，而且比總公司規定的日期提前了好多天。

154

小Ｕ是一個明智的上司，他相信自己和成員的能力，於是放大屬下身上的優點幫助其找回信心。

渴望得到讚美是人的一種天性，如果能像小Ｕ一樣恰到好處地讚美他人自然能獲得更多的成功與驚喜。所以，我們應該在生活和工作中學會讚美的藝術，並用智慧的頭腦加以發揮，這無疑對自身發展有著很大的好處。

怎樣才能讓讚美做到恰到好處呢？原則如下：

①讚美要出自真情實感。

虛情假意的「好」話不僅會被人一眼識破，還會將事情搞僵搞砸。只有真心的讚美才能表達內心由衷的欣賞。

②讚美的言語要適當，不可誇大其詞。

如果你讚美一位肥胖的人身材優美，恐怕會引起對方極大的反感。正確的做法就是讚美的內容一定要與對方已經具備或預期具備的優點或特徵相符。

③具體情況具體分析。

如果你讚美的對象是一位寡言少語的同事，那麼你滔滔不絕長篇大論地加以讚賞會讓對方感到尷尬或無所適從，這時你的讚美應該點到為止；倘若對方生性活潑開朗，淺嘗輒止的讚美也許會讓他意猶未盡。所以，要注意觀察對方，從而察覺出他的性格特徵，然後透過具體情況具體分析力求將最完美的讚美送給對方。

總之，真誠和略帶技巧的肯定性讚美會讓彼此心情愉悅，為自己做事帶來便利。如果你想要順利搞定人、搞定事，不妨試試這個零成本高回報的交際法寶。

10.用傾聽博取好感

在與朋友交往的過程中，學會傾聽是促成良好友誼的有效途徑。你只有用心去聽對方說什麼，才能知道對方究竟想要什麼，你該給他什麼。

有這樣一則故事不知道你們聽說過沒有，故事內容是這樣的：

曾經有一個小國，向中原皇帝進貢了三個一模一樣的金人，皇帝看了非常高興。不過這個小國，向使者並不厚道，給東西就給東西吧，還出道題目來為難中原皇帝，問題是「這三個金人哪個最有價值？」

皇帝讓人找來工匠，工匠一查看，三個小金人在做工、重量和成色上都一模一樣。

這下可難壞了諸位大臣和皇帝，要是回答不上來，如此泱泱大國豈不讓小國給恥笑了？

在這個時候，一個即將退休的老臣站出來說他有辦法。他當著使者的面將三根稻草分別插入三個小金人的耳朵裡。只見第一根稻草從小金人的另一邊耳朵裡出來了，而第二根稻草則從小金人的嘴巴裡直接掉出來，只有第三根稻草直接進到小金人的肚子裡。

老臣說：「第三個小金人最有價值！」

使者點頭道：「回答完全正確。」

故事雖然很淺顯，但是從文中我卻清晰地明白了一個道理：一個人只有懂得傾聽，才會讓自己變得有價值。造物者給了每個人兩隻耳朵一張嘴巴，就是告誡人們一定要多聽少說。學會傾聽、善於傾聽，才是身為社會人最基本的素養。

我的朋友淑華由於善於傾聽，且樂於幫助他人，因此她的朋友圈十分廣泛，人緣也非常好。

有一天，同事卓恩哭哭啼啼找到了淑華，一把鼻涕一把淚地訴說個沒完。卓恩就像祥林嫂一樣，反反覆覆說著生活中的不幸，自己過得有多麼悲慘。一開始，淑華和其他同事都在耐心地傾聽，悉心地開導。但是慢慢地，另外幾個同事被卓恩顛來倒去的話弄煩了，紛紛找藉口離開，只剩下淑華一個人依然聽著。

卓恩絮絮叨叨說了一整個中午後，猛然發現上班時間到了，也就是說淑華犧牲了整個午休來聽她的哭訴。卓恩面露愧色，不好意思地說：「真對不起，我在這裡說了一整個中午，你早就煩了吧。」

淑華笑了笑說：「作為朋友，我應當替你分擔不快，你現在心情好點了嗎？」

卓恩點點頭說：「好多了，我覺得心裡沉重的負擔被卸下了。」

淑華說：「那就好了，如果傾訴能幫妳減輕痛苦，再聽上一天也值得。」說完，兩個人相視而笑。

從那以後，卓恩和淑華成為了無話不談的好朋友。卓恩是這樣評價淑華的：「從她認真聽我講話的那一刻起，我打從心底就認定她是個好人。」

學會傾聽，是一種愛心，必將贏得親情、愛情和友情。而與朋友交往的過程中學會傾聽，就是擁有了一種美德、一種修養、一種氣度。

那麼，傾聽的好處有哪些呢？

①每個人都會遇到不順心的時候，需要有個人來傾聽自己的苦楚。這時，對方一句溫暖的話語，一條合理性建議都會如同溫暖的陽光掃平心中的陰霾。

②只有懂得傾聽，才能真正幫助對方。在傾聽中找到癥結所在，仔細分析，找到對策，給予朋友無微不至的關心與幫助，才會使友情之樹常青，幸福之花常開。

③傾聽具有廣泛性，在傾聽的過程中不但可以集思廣益，開拓自己的思維，還能及時為朋友排憂解難，建立一種和諧的朋友關係。透過給予對方體貼入微的關懷與照顧，就能夠博得對方的信任和好感。

只有學會了認真傾聽別人的心聲，才能更深地瞭解對方，達到心靈的共鳴。如果你想結識更多的好友，不妨從傾聽入手，從而一步步建立起深厚的感情。

11. 唯有真誠才能換來真誠

真誠不僅是做人的基本修養，還是為人處世中最應該具備的美德。一個人只有付出真誠才能得到別人的信任。

有一次旅行，我在飛機上親眼目睹了這樣一幕：

飛機即將起飛，我鄰座的一位先生對空姐說：「妳好，我身體有些不舒服，能不能給我倒杯水來服藥？」

空姐關心地問道：「需不需要為您提前聯絡醫生？」先生搖搖頭。

「先生，您看這樣是否可以，飛機就要起飛，現在送水會對您的安全問題產生影響。如果您可以稍等片刻，等飛機進入平穩狀態再給您送水好嗎？」先生點頭應允。

飛機起飛了，很快就進入了平穩飛行狀態。但是，由於太忙，空姐忘記給乘客倒水。

那位先生再次找到了空姐，表達了自己的不滿。

空姐連忙來到客艙，將水杯捧給對方，並且誠摯地道歉：「先生，真是對不起，由於我的疏忽，耽誤了您服藥的時間。」

只見乘客面帶慍色，說：「怎麼搞的，有妳這樣服務的嗎？本來答應的好好的，竟然給忘了。」空姐端著水，繼續道歉，可是那名乘客正在發火，無論如何也不想原諒空姐。

為了補償自己的過失，接下來的飛行途中，空姐每次去客艙給乘客服務的時候，都特意走到那位乘客面前，面帶微笑地詢問有什麼可以幫忙的。可是，那位乘客依然不理不睬，餘怒未消。

在飛機落地之前，那位乘客叫來那位空姐，說：「妳把留言本給我拿過來。」這個時候，整個機艙的乘客都認為乘客要投訴空姐。只見空姐依然面帶微笑地說：「先生，請允許我再次向您表示真誠的歉意，無論您對我提出什麼樣的批評和意見，我都會欣然接受。」乘客什麼話也沒說，接過本子就開始寫。

等到飛機安全降落，所有的乘客陸續離開後，空姐打開留言本，卻驚奇地發現，那位乘客寫的是一封熱情洋溢的表揚信。在信中，顧客寫了這樣一段話：「在整個過程中，您表現出真誠的歉意深深打動了我。您的服務品質很高，下次如果有機會，我還將乘坐這趟航班。」

是什麼讓乘客如此誠摯地對空姐提出表揚？那就是對方的真誠。人心換人心，用真誠可以打動任何人。就算對方很強硬，屬於得理不饒人的那種，只要你有足夠的耐心和真誠的話，相信沒有化解不了的矛盾。

一位女士逛鞋店，一進門就看到旁邊的牌子上寫道：鞋子超級特價。女士拿起鞋子一看，原價一百美元的皮鞋只用二十美元就可以買回家，這簡直太便宜了。她試了試鞋子，覺得十分舒服，就對售貨員說：「把這雙鞋子包起來，我就要這雙。」

售貨員笑咪咪地說：「好的，我這就給您包裝。」可是在包裝的過程中，售貨員眉頭麼了一下。

女士心想：「是不是標價有錯誤？」

售貨員對女士說：「您好，這雙鞋有一點小小的瑕疵。」

女士不解地說：「我剛才檢查過了，沒有問題的。」

「您看，這有一點點膠印。雖然您中意這雙鞋，也打算把它買下，但是我一定要把實情告訴您。這雙鞋品質很好，款式也很新穎，就是鞋幫處有一點點膠印。如果您不喜歡而放棄，我可以幫助您再選一雙別的鞋子。」

售貨員真誠的話語深深打動了女士，她最後還是決定買了下來。

真誠如同無聲的語言，時時刻刻向對方傳遞溫暖。只有你付出了自己的真誠，對方才會用真誠來回報你。比如說故事中的售貨員，如果她發現瑕疵而蒙混過關的話，想必女士再也不會光顧這家店鋪了。

真誠可以得到別人的信任，可換取對方的真誠。所以，在與人交往時一定不要忘記這兩個字——真誠！

12.「投入」多，「回報」自然多

很多人都想著如何獲得更多，但是沒有想過要付出多少。其實，投入和回報是成正比的，只有你真心投入，別人才會真誠地給予回報。

行走在職場上多年，看過形形色色的人。有些人斤斤計較，生怕自己付出的比別人多，他們的大腦中彷彿裝有計算機，不管什麼事情都要計算一下投入和產出的比例。比如說，主管將一項工作分配給A和B兩個人，A就會在心中暗暗地算計：「我負責的工作比較難，我豈不是吃虧了？」結果可想而知，A不但不會好好配合，而且工作品質也會大打折扣。這麼多年來，我一直在冷眼觀察著世間百態，只有一種人讓我深深佩服——真誠付出的人。他們真誠地付出一切，從未想過要得到多少回報。可是結果卻和想像中的大不相同，他們的投入都有了回報，而且收穫得更多。

姵達進入這家公司已經將近十年，這些年她一直勤懇地工作，真誠待人。面對新來的同事她總是有求必應，如同大姐姐一般熱情呵護。漸漸地，姵達在同事們心中有了很高的地位，大家都把她當成最親密的知己。

有一位同事問姍達：「妳犧牲那麼多時間去幫助新人，妳能得到什麼好處呢？」

「為什麼非要得到好處？」姍達反問道。

「難道光投入不求回報嗎？這些新人來公司的時間短，社會閱歷淺，他們不會對妳提供什麼幫助的。既然有這些時間，妳倒不如去和公司元老打好關係。」同事繼續說道。

姍達搖了搖頭，她並不贊成同事的觀點，「不是所有付出都要有回報的，每一個人都是從新人走過來，如果你能夠多扶持他們一把，他們就會進步得很快。」

同事聽了姍達的話，留下一句「妳真是個大傻瓜」就走了。

姍達根本沒把同事的話放在心上，她依然真誠地幫助其他員工。在她的幫助下，一批又一批新人成長起來，甚至有人成為獨當一面的管理人員。

從來不求回報的姍達，反而收穫得更多，她所幫助過的人都對她敬愛有加，只要是有用得上的地方，他們都會挺身而出、雪中送炭。

姍達是一個明智善良的職場女性，她熱心助人，無私地與他人分享自己的工作經驗，因為姍達的慷慨，她不但獲得同事的信任，並且受到周圍的人的喜愛，從而令自己的工作展開得更加順利。

作為像姵達一樣的職場人，我們是不是也應該把「付出大於或等於回報」這門功課好好複習一下呢？請相信，它帶給你的將遠比你付出的多。

①讓付出成為一種習慣。

很多人在辦公間都保持著謹言慎行的做事方式，甘願在職場間做一個不願付出的人。如果讓付出成為習慣，一而再再而三地與周圍人士分享工作中的點點滴滴，自然會成為辦公室焦點，人們都願意和你靠近。

②讓付出促使職業生涯的進步。

人在職場，只要在我們能力與條件許可的情況下主動付出，那麼最大的受益者無疑是你自己。你將對方視為付出對象就已經證明了你信任對方，於是隨著付出的增多，你所獲得的也更多。

③用付出來獲得更多的人脈。

「在家靠父母，出門靠朋友」這句老話流傳了千百年，要想札根於職場，光有過人的本領是遠遠不夠的，還需要有人脈關係作為背景。在某個程度上，一個人能夠獲得多大的成功，背後就會有多的大人脈進行支持。

一位老婦辛勤地在田間工作，一個年輕人看到後嘲笑說：「種子已經發芽了，沒有必要天天管它，反正到了秋天都要結出果實。」

老婦人聽到年輕人的話，只是默默地搖了搖頭，不發一語。

每天天剛亮，老婦人就來到田間，為農作物澆水、除草、施肥。

一轉眼，秋天到了。老婦人獲得了大豐收，而那個年輕人卻一無所獲。

做人做事與種田的道理是相通的，只有投入的多，回報才會多。懂得付出的人就如同互生植物一樣，透過彼此的幫助就會源源不斷地把養分輸送進來，從而生長得鬱鬱蔥蔥、生機勃勃。

13. 會笑的人有糖吃

當我們面對生活中形形色色的「黑洞」時，怎樣做才能倖免於難呢？最佳的答案是：熱忱。熱忱的笑容像陽光般照耀到一切不美好的地方，可以掃除籠罩在心頭上的陰霾，從而讓自己順利「逃生」。

壓力太大，競爭激烈，人際關係不好經營，這三項是我聽到過最多的抱怨。有一句話叫做「靜中得力」，就是要利用處事不驚的心態冷靜、平靜地面對，找到突破的契機，從而攻破帶給我們壓力的堡壘。那麼，攻破這個堡壘是否有「絕招」存在？我個人認為還是有的，熱忱的微笑就像是爆破力極強的武器，它能夠讓人自我調節，消除焦慮，把所有力量和精力集中在一起專注應對某一件事情或者某一個人。

其實，生活中處處隱藏著甜甜的「糖果」，這些糖果不是顯而易見，伸手可得的，而是需要你自己去努力和奮鬥，用笑容去找到。那麼，我們該如何利用熱忱的笑容得到甜美的「糖果」呢？

①熱忱的笑容可以為自己打造積極的心態。

王麗麗和趙佳是強而有力的競爭對手，她們同在一家公司，負責的工作大同小異，能力也不相上下。工作一年後，趙佳幾乎囊括了所有獎項：最佳新人獎、年度優秀員工等等，並且還得到了晉升的機會，只有王麗麗還在原地打轉。

看到如此「幸運」的趙佳，王麗麗心裡開始不平衡。於是，她冷面對待趙佳，並且總是說一些陰陽怪氣的話。面對王麗麗的「責難」，趙佳一度情緒十分低落，工作也失去了動力。部門經理發現趙佳的變化後，語重心長地對她說：「不管遇到什麼事情，都要記住，熱情的笑容是最好的交際語言。不要讓某些困難成為自己前進路上的牽絆，應該以此為動力，做出更好的成績。」

聽完經理的話，趙佳明白以後該如何去做了。從那以後，不管王麗麗用什麼方式來「刁難」她，趙佳都會回報甜美的笑容。她總是這樣鞭策自己：「一定要調整心態，努力工作！」

有了積極心態的趙佳工作起來更有勁了，年底再一次被評選為「進步最大的員工」。

看著手捧榮譽證書的趙佳，王麗麗羞愧地低下了頭。

170

②熱忱的笑容可以讓你得到更多的人力資源。

莎拉是一個工作能力極強的女性，但是她總是冷若冰霜，公司同事對她敬而遠之，在背後稱呼她為「冰山美人」。慢慢地，莎拉成為公司的「孤島」，出入公司都是形單影隻。

面對這種狀況，莎拉十分苦惱，她也想得到友誼，有朋友陪伴左右。於是，莎拉走進一家心理諮詢室，希望在此尋求到幫助。

心理醫生耐心聽完莎拉的陳述後，對她提出了一個請求：「美麗的女士，從進門開始妳就沒露出過笑容，能笑一個讓我看看嗎？」

醫生幽默的言語逗得莎拉微微笑了一下，醫生隨後說：「妳的笑容很迷人。妳之所以沒有朋友，癥結所在就是冰冷的態度。妳總是以冷冰冰的姿態示人，別人自然不敢靠近。回去試著改變一下，拿出自己的熱情，露出迷人的笑容，相信妳身邊的朋友一定會很多。」

聽從醫生的建議，莎拉照著做了。果然，短短幾個月的時間，莎拉變了一個樣，每天都能看到她熱情洋溢的笑容，自然還有眾多陪伴左右的好友。

在多變的生活中我們難免會遭遇到辦公室政治、同行競爭等事情。如果在這些困難面前退縮、畏懼，就會很容易「喪命」於黑洞的漩渦。只有保持積極的心態，用熱忱開路，我們才會得到更多的知識和人脈，從而打拚出一條陽光大道，為自己帶來不一樣的天地。

14. 幽默是處世的大智慧

幽默是一種高超的語言藝術，它不但能給周圍的人帶來歡樂和笑聲，而且能夠提高個人魅力，進一步促成雙方的溝通。

在我的觀念裡，幽默和諷刺是無論如何也挨不著邊的。可是總有人卻將冷嘲熱諷的話視為風趣。想像一下，如果你和一個大腹便便的男士開玩笑，說他身材很棒，是位超級型男。想必被開玩笑的對象除了尷尬，心裡還會很難過。雖然風趣幽默的語言有「四兩撥千斤」之力，但是諷刺的話語無論如何也做不到舉重若輕的交際效果。

現實中，幽默能夠彰顯一個人的風度和修養，為其增添魅力。幽默是成功社交的捷徑，也是博得好感、贏得友誼的良方。我曾搜集過有關名人幽默的故事，從這些故事中，我們也許可以汲取有關處世哲學的「營養」。

故事一：眾所周知，索菲莉亞是著名的喜劇演員。有一天，她在餐廳裡獨自享用晚餐，一位老婦人慢慢向她走來，並且伸出手摸了摸索菲莉亞的臉龐。老婦人邊摸邊自言

自語道：「真看不出來這張臉有多好。」索菲莉亞聽後，莞爾一笑說：「省省您的祝福，我看起來確實沒有多好看。」

處世哲學：索菲莉亞用幽默打破了尷尬的局面。這也表明，一個面帶微笑、風趣幽默的女人總比一個神情抑鬱的女人更能受到別人的歡迎。適當的幽默有著巨大的力量，充滿幽默的言談可以讓氛圍變得輕鬆風趣，更容易處理人與人之間簡單或複雜的關係。

故事二：二戰後，英國伊利莎白女王受邀去美國訪問。很多記者不懷好意地為難女王，問道：「請您準確說出對美國的第一印象。」伊莉莎白女王回答：「報紙太厚，而廁所用紙卻太薄。」此話一出口，就引得記者哄堂大笑。

處世哲學：伊莉莎白女王用智慧來解答問題，她完美的將幽默運用到說話技巧中。這裡的智慧蘊含著寬容和諒解。

英國思想家培根說過：「善談者必善幽默。」這兩則故事告訴我們只要能夠恰如其分的運用幽默，既可以擺脫尷尬，還能給對方有力的回敬，這就是幽默的魅力所在。相

反地，如果將諷刺融入自以為是的幽默中，效果就會適得其反。

王聰口才極佳，他自恃幽默風趣，但是同事們卻不這樣認為。

他所在的部門有一位同事患有腳疾，走路有些跛。於是，王聰就喜歡拿他來開玩笑。

有一天，王聰在部門裡大喊：「快看快看，他走路的樣子，像不像雜技團裡的小丑。」

如果在公司裡評選金小丑獎，非他莫屬。」王聰本以為幽默的話語可以博得大家一笑，卻沒想到大家臉色陰沉，並批評他說：「拿別人身體的缺陷開玩笑是一件非常不禮貌的事情，我們並不覺得這有什麼好笑。」王聰受到了同事的批評，羞愧地低下頭，久久不敢抬起來。從此以後，他再也不敢開這種無聊的玩笑了。

社交活動中，不論你是普通一員，或是身居要職，善於運用幽默的力量，總能讓自己受益匪淺。如果你想在幽默中贏得友誼，成功地建立社交關係，就一定要知道幽默並不等於諷刺。

15. 發現別人的亮點

「一個人伸出手，十個指頭有長有短；一個人為人處世，也會有長處有短處。」也就是說，每個人既有自己的優點，也有缺點存在。只有善於發現別人長處的人，才是一個明智的人，一個別人願意與之相處的人。

多日沒見的老同學約我去喝咖啡，在他的語調中我隱約覺得有些不對勁，於是趕忙前往，見到他臉色暗黃，面帶憔悴，寒暄過後他一直低頭攪拌著咖啡，滿臉的愁容。

「有什麼心事要跟我說嗎？」我問道。

「我遇到了很不開心的事情。」老同學終於打開了「話匣子」。

老同學所在的公司，平日裡同事關係還算過得去，呈現「你好我好大家好」的和諧狀態。可是一到投票評選，涉及到利害衝突就會爭得面紅耳赤。這次，老同學被評選成為「優秀工作者」，這可算是捅了馬蜂窩。大家你一言我一句的攻擊起來：「你有什麼了不起，你剛進公司時還是我帶你的呢！」「你的業務都沒有我精湛，憑什麼你得獎？」……諸如此類的話讓老同學極度傷心，於是跑來和我訴苦。

「我真的有那麼差嗎？」老同學問道。

「這種現象一點也不奇怪，雖然評比總要分個高下，但是一般情況下，人與人相比，誰優誰劣，總是相對的，不能說某人總是長處，某人總是短處。問題是怎樣去比較，怎樣去看別人。他們拿著有色眼鏡看你，自然把你所有的短處放大。」我勸慰道。

「這麼說，我也有自己的優點囉？」老同學反問。

「當然，不然你怎麼能獲獎。」我說。

社會上就是存在這樣一種人，他們不懂得發掘別人身上的亮點，從而產生驕傲自滿或者妒忌多疑的情緒。在他們看來，別人這也不行，那也不行，總是傲視別人，漠視別人，別人怎能與之和諧相處呢？

善於發現別人的亮點，於人於己來說都是好處多多。

古人說：「見賢而思齊。」只有發現別人的長處，才能知曉自己的短處，從而取長補短，讓自己更加成長。

陳星是一個善於發現別人長處的人，他發現看似平庸的鄰居竟然是個電腦高手。於是，只要有空他就會前去請教鄰居電腦問題。漸漸地，陳星的電腦水準明顯提升，成為

公司裡不可多得的綜合型人才。

善於發現別人長處的人通常可以辦成大事。如今，單槍匹馬是很難成功的，需要集體的智慧、眾人的協助。看不到別人的長處，就不能發揮他的特性。身為一個領導者，帶領一個團隊，去完成某項任務，關鍵是要能發揮眾人之所長，創造最大的效益。

楚將子發非常喜歡結交有一技之長的人，並把他們招攬到麾下。

有一天，有一個其貌不揚，自稱「神偷」的人前來求見，子發待他為上賓，並賜給他房宅。子發身邊的文臣武將見此，大為不滿，不願與「神偷」為伍。

有一次，齊國進犯楚國，子發奉命率軍迎敵。雙方三次交戰，可是楚軍都無法攻下敵營。子發一籌莫展，無計可施。

這時，神偷自願請戰。不少人對他嗤之以鼻，認為他根本沒有辦法退兵。子發卻很信任他，答應了他的請戰。晚上，神偷在夜幕的掩護下，將齊軍主帥的睡帳偷了回來。

子發很高興，第二天，他派使者將睡帳送還給齊軍主帥，並對主帥說：「我們出去打柴的士兵，無意中撿到了您的睡帳，特地趕來奉還。」

齊軍主帥見到睡帳，大為震驚，趕緊加派重兵嚴加巡邏。沒想到當天晚上，神偷又

潛入齊營，順利地將齊軍主帥的枕頭偷來了。隔日，子發再次派人送還。

第三天晚上，神偷再入齊營，將齊軍主帥的頭盔盜來了。子發照樣依計派人送還。

這件事在齊軍上下傳開了，大家十分恐懼，主帥對幕僚們說：「如果再不撤退，恐怕子發要派人來取我的人頭了。」於是齊軍不戰而退。

這個故事可以給管理者很大的啟示：一個企業需要的是各式各樣的人才，同時，每個人也只能夠在某一方面或某幾個方面比較出色，不可能在各個方面都非常出色。因此，精明的管理者應該容人之短，用人之長，只要把合適的人才放在合適的位置上，同樣可以發揮出人意料的效果。

用一雙發現的眼睛去看別人的長處好處多多，它既能化解人與人之間的矛盾，又能讓自己的心態平和，更能促進個人與事業的進步。如此一舉多得，何樂而不為呢？

16.別吝嗇你的舉手之勞

舉手之勞，顧名思義就是做一些輕而易舉就能完成的事情。人人都有自我表現和被人肯定的需要，那麼，我們為什麼不做些舉手之勞，就能帶給別人溫暖的事呢？

閒暇的時候流覽網站，看到這樣一句耐人尋味的話：「職場無小事，很多小事只是舉手之勞，但是帶給別人的方便和溫暖卻不可用簡單的數量來衡量。樂於助人的人在團隊合作和人際關係方面都會比較出眾。」舉手之勞還有這麼大的作用？我對此十分感興趣，繼續將那個網站的文章看完。

倩倩是個熱心的女孩，有一天她發現同事張姐滿臉痛苦地捂住自己的胃。

倩倩知道張姐的胃病又犯了，於是中午休息時間她跑到餐廳給張姐買來一碗熱騰騰的粥。

倩倩對張姐說：「趁熱喝吧，白粥能養胃。」

看著倩倩誠懇的樣子，張姐很過意不去：「為了給我買粥，妳都沒有時間午休。」

倩倩爽朗地說：「舉手之勞，妳千萬別客氣。」

180

在倩倩身上，這樣的事情數不勝數。自然地，這個喜歡「舉手之勞」的女孩也贏得了同事們的喜愛。上至公司元老，下至新來的員工都和倩倩成為好朋友，倩倩遇到工作上的難題，總會有人挺身而出幫助解決。

就這樣，倩倩的工作有了突飛猛進的進步，在年底被公司評為「最有潛力的員工。」

如今，社會上有些人對舉手之勞這類小事情不屑一顧，認為出色的能力和過人的本領比做些順手的小事更重要。其實不然，只有像倩倩那樣舉手之勞解決小事的人才能為自己奠定成功的基礎，不以善小而不為就是這個道理。

羅蒙・諾索夫曾說：「不會做小事的人，也做不出大事來。」有人需要協助，在自己力所能及的範圍內給予幫助雖然看似微不足道，但是它可以見微知著。中國的海爾集團首席執行官張瑞敏曾說：「把每一件簡單的事情做好就是不簡單，把每一件平凡的事情做好就是不平凡。」很多人總是在盼望著能夠出人頭地，但如何才能成功呢？除了自身的能力外，還需要有廣闊的人脈助自己一臂之力。而這廣闊的人脈正是在舉手之勞的點滴小事中慢慢累積起來的。換句話說，不吝惜舉手之勞就會讓你邁向成功，多做舉手之勞的「小事」實際上就是在為自己的競爭提高籌碼，增加附加價值。

17. 退一步海闊天空

俗話說：「進一步山窮水盡，退一步海闊天空」，與人交往過程中這句話同樣適用。

真正為人處世的大智慧恰恰是退讓，因為退讓會給你帶來意想不到的收穫。

老子在《道德經》中寫道：「故物或損之而益，或益之損。」意思為：任何事物，表面上看來受損，實際上卻是得益；表面上看來得益，實際上卻是受損。透過這句話，我不由得想起公司最近發生的一件事：

李震山是我們公司的業務員，前幾天他接到一個客戶的電話，說要印刷一批DM宣傳單。雖然這只是小訂單，但是李震山欣然答應了。

李震山跑前跑後將DM宣傳單遞到客戶手裡時，客戶猛然發現由於自己的失誤印錯了內容。客戶開始找藉口，一會兒覺得印刷的清晰度不夠，一會兒認為那個色彩調得不對。總而言之一句話，就是拒絕收用這批貨。也就是說，李震山需要為客戶犯下的錯誤買單。

回到公司，李震山越想越生氣，覺得很不高興。這個時候，老員工王成勸慰道：「小

夥子，這點困難算不了什麼。你日後的道路還很長，難免會遇到各種棘手的事情和形形色色的人。作為過來人，我只對你說一句話，那就是退一步總會海闊天空的。」

聽完了話，李震山感受頗深。第二天，李震山自掏腰包為那批錯誤的DM宣傳單結了帳，並且按照更改後的內容重新印刷了一批。

李震山到了客戶那裡，先把新印刷品給客戶看了看，然後誠懇地對客戶說：「十分抱歉，耽誤了您的時間。雖然上批DM宣傳單出了錯誤，但是我已經趕印了新的一批，這兩批印刷品我會按照合約收費的。也就是說，不會讓您多花一分錢。如果下次我們還可以繼續合作，請您相信我，我們的印刷品質一定是最好的，希望合作愉快。」

聽完李震山的話，客戶在心裡也算了一筆帳：這批印刷品如果業務員自己買單，肯定是虧損了。他覺得眼前這個小夥子踏實、誠懇，是個很好的合作夥伴。兩天以後，客戶打電話給李震山，打算繼續印刷幾萬張DM宣傳單，而且還要將公司DM宣傳單全部送往李震山所在公司印刷。

聽到這個消息，李震山喜出望外，他逢人便說：「退一步果然海闊天空啊！」

這個例子證實了中國的兩句古話：「吃虧是福」和「退一步海闊天空」，同時也提

出了一個關於退讓的課題：損和益到底是什麼關係？對於這個問題，老子在大量觀察的基礎上，運用「反者道之動」的原理，得到這樣的結論：「任何事物，表面上看來受損，實際上卻是得益；表面上看來得益，實際上卻是受損。」李震山的例子，就是「物或損之而益」的明證。他表面上是虧損一筆錢，但是正是由於這個「損」，使他贏得了客戶。

「損」的結果，帶來了「益」的日後大宗訂單。這裡「損」中有「益」的轉化表現得極其鮮明。

就個人而言，一個懂得讓步、甘願吃虧的人一般是以誠信來做根基的；而做事斤斤計較甚至睚眥必報的人是不可能交到任何朋友的。退讓不是軟弱，而是適當給人留下退路，犧牲了一時的利益，換取的卻是朋友的信任和長久的發展。

184

第四章

找對人：對的人辦對的事

　　不要小看找人辦事，這裡面蘊含著大學問。只要摸清裡面的門道，才可以在別人的幫助下順利而圓滿的解決事情，達到自己的目的。

1. 交友的品質越高越好

盡早建立起高品質、穩定的人際關係網路，是爭取人際資源的第一步。

西班牙著名作家賽凡提斯曾說：「重要的不在於你是誰生的，而在於你跟誰交朋友。」英國諺語也說：「重要的不在於你懂得什麼，而在於你認識誰。」在我看來，這兩句話都向大家透露出一個訊息，那就是交友是人生中的大事，品質高的朋友才能帶來更大的收穫。

我們該如何結交高品質的朋友呢？

① 注重交友的環境。

一般來說，一個人的喜好和個人修養、品性有著直接的關係。舉例來說，文人喜歡讀書，圖書館、書店是他最常去的地方；性格外向的人喜歡運動，運動場、游泳館中會時常看到他的身影……以此類推，如果你在某個場合經常遇到此人，就可以察覺其喜好

特徵。

酷愛運動的悠悠參加了登山社團，每逢週末大家都會舉辦一場登山比賽。

有一天，一張新面孔吸引了悠悠的目光，只見對方高大帥氣、陽光開朗。

「這個人是誰啊？」悠悠悄聲問身邊的同伴。

「他是新參加的社友，名字叫白明翰。」同伴告訴悠悠。

從那以後，悠悠有意識地關注起白明翰來。透過觀察，悠悠發現他每次必到，是個酷愛登山的愛好者。於是，悠悠開始試圖接近他。

幾次交談過後，悠悠發現自己和白明翰志同道合，在一起有很多的共同話題。不久，兩個人就成為隊伍中引人注目的黃金拍檔，成為登山社裡美麗的景象。

②試著結交比自己優秀的人。

俗話說：「誰喜歡什麼樣的朋友，誰就是什麼樣的人。」嘗試著與比你優秀的人交朋友，你會從中汲取力量，進而使自己成長。

《胡雪岩傳》中記載這樣一個故事：胡雪岩是清末赫赫有名的大商人，他不但極具經商頭腦，而且是經營人際關係的高手。換句話說，其富甲天下的財富除了能力外，全是透過關係運轉而來的。

胡雪岩一生朋友很多，人緣很好。在不同的時期，都會有一個關鍵性的貴人幫助他。如果沒有貴人的扶持，他的財富也就無從談起。

談及胡雪岩的財富，就不能不說他和王有齡之間的關係。此人是杭州的一個小官員，一直想往上爬，但又苦於沒有錢作敲門磚。隨著與王有齡的深入交往，胡雪岩驚奇地發現，二人居然志同道合，有著同樣的心願。

有一天，王有齡終於說出了心裡話：「雪岩兄，小弟並非無門無路，只因為苦於兩手空空如也，沒有金錢上下打點，只好作罷！」胡雪岩一聽這話，正好說到自己心裡了，於是便說：「為兄知道你的心思，所以我願意傾家蕩產來幫助你。」王有齡連忙說：「如有弟飛黃騰達的一天，我定不會忘記你的恩情！」

後來，胡雪岩果真變賣了自己的家產，將賣來的幾千兩銀子都無償送給了王有齡。王有齡進京求官去了，胡雪岩依舊從事自己的老本行，把這件事拋諸腦後。鄰裡都笑他

傻，他也不在意。幾年後的有一天，升為巡撫的王有齡，上門拜訪胡雪岩。王有齡問胡雪岩有什麼需要幫助的，胡雪岩只是祝福了一下對方，稱自己並無困難。但王有齡是一個知恩圖報的人，在生意上處處照顧胡雪岩，使胡雪岩的生意越做越大。

如果交友品質不是很高，那麼你就永遠無法擴大自己的事業，無法學習到新的東西。當一個人在別人身上攝取更大的能量後，他的品質才會提升，力量才會壯大。所以，為了你的進步和發展，還是交一些品質高的朋友為好。

2. 貴人也有很多種

《紅樓夢》中的薛寶釵有一句詞：「好風憑藉力，送我上青雲。」每個人都渴求有「好風」送自己登上「青雲」，可是你知道貴人在哪裡嗎？

同事張偉庭十分好運，遇到了生命中的貴人。有了貴人的提拔，他一路扶搖而上，直接晉升為總經理。看到張偉庭的經歷，我不禁聯想到現實生活中的每一個人。俗話說：「七分努力，三分機遇」。努力來自於自己，機遇則來自於客觀因素。雖然歌曲總在唱「愛拚才會贏」，但是實際上有些人賣力打拚卻不見得有所成就，這是為什麼呢？原因之一就是缺少貴人。

在中國的傳統文化中，人和的內涵就是「貴人相助」。有貴人相助，成功就會變得簡單得多。所謂貴人，已經不僅僅是那些功成名就的達官貴人。在我們生活中貴人會有很多種，對你諄諄教誨、鞭策有力的恩師；給你溫暖和愛的伴侶；為你提供升職機會和就業機會的公司上司；協助你順利完成任務的得力下屬；為你提供各種有利資訊的眾多朋友……他們都是你的貴人。由此看來，貴人不分貧富和貴賤，凡事對你有幫助的人都

190

是你的貴人。

著名影星陳沖公開承認：「我不得不相信，我的生命中是有貴人的。」她所指的貴人在不同時期有著不同的對象。第一個貴人：中國的著名導演謝晉。謝晉拍攝影片《青春》，選中她主演影片中的女主角啞姑，從此她步人入影壇。第二個貴人：導演黃建中。黃建中拍攝《小花》，選中她做女主角。憑藉劇中出色的演出，陳沖獲得中國電影「百花獎」最佳女主角稱號。第三個貴人：美國導演。將她推薦給《末代皇帝》的導演，最後她揚名好萊塢和亞洲。第四個貴人：Paul Chao。她初到美國時，幫她找學校、讓她可以安定下來。

正是這幾位貴人，幫助陳沖掃除了前進道路中的絆腳石，令她抓住時機成為大家心目中的「影后」。

試問自己，誰是你的貴人？誰又能夠成為你的貴人呢？你生命中的貴人，可能會在你意想不到的時間和地點出現。說不定他們就生活在我們的周圍。

① 上司可以成為你的貴人，你的提拔會和他們密切有關。

②最讓你意想不到的人也許就是你的貴人。這個貴人也許是你的客戶、你的朋友，甚至是不起眼的同事。

③親人也許是你的貴人，在親情面前，疼愛你、關懷你的人會不遺餘力的給予幫助。

貴人的出現表面上似乎很偶然，實質上都是個人努力的結果。因此，做個有心人，在提高自己的同時努力發掘身邊的貴人是十分有必要的。

3. 遠離損友

「近朱者赤，近墨者黑」，只有分清朋友的好壞，遠離損友，你才能維護好健康的社交圈。

我的好友斯諾是一個喜歡結交朋友的男孩，他的朋友也很多。大家勸他說：「斯諾，結交朋友是好事，但是一定要分清楚哪些朋友能交，哪些朋友不能交。」每每聽到別人這麼說，斯諾都會不耐煩地揮揮手，然後頭也不回的走掉了。

好幾年沒有聽到斯諾的消息，一個偶然的機會我得知他觸犯了法律，被判了刑。

「究竟是怎麼回事？」我焦急地詢問。

「他結交了一群不良青年，走上了販毒的不歸路。」

聽了斯諾的遭遇，我在感到心痛之餘，也意識到了選擇良友的重要性。

先賢孔子曾經說過：「益者三友，損者三友。友直，友諒，友多聞，益矣；友便佞，友善柔，友便佞，損矣。」這句話的意思講的是，在朋友當中會有三種對自己有益的朋友；有三種對自己有害的朋友。三種有益的朋友是為人正直，誠實守信，知識淵博這三

種類型。三種有害的朋友是口蜜腹劍，只說不做，當面一套背後一套這三種類型。在與人交際時，只有「盡知其害」，才有利於己。

遠離損友，一般來說，我們要與以下幾種人保持一定的距離：

①交淺言深者。

有這麼一種人，在你覺得還很生疏的時候就一股腦兒地把自己的苦衷和委屈傾訴給你。乍看之下這種人很令人感動，實際上他喜歡隨意向別人傾訴，你在他的心中沒有什麼地位。對於這種朋友，還是遠離為妙。

董玲玲是一個典型的「裝熟魔人」，不管遇到誰都能自如交談。她總是喜歡將自己的事情對別人傾訴，以此來縮短心與心之間的距離。一開始，大家都認為她很真誠，可是隨著交往時間的深入，發覺她跟誰都是這個樣子。於是，她身邊的朋友一個又一個離她遠去。

②搬弄是非者。

「說人是非者，必為是非人」，這種人熱衷一切八卦事件，喜歡在背後搬弄別人的隱私。如果你和這種人交朋友，就會捲進「是非」的漩渦。這個時候，最明智的選擇就是逃離是非之地，遠離是非之人。

③唯恐天下不亂者。

這些人故意製造緊張氣氛，搞得人心惶惶、雞犬不寧。如果你身邊有這種愛傳播甚至編造小道消息的人，一定要提高警覺，萬萬不可相信他。

④貪小便宜者。

「貪小便宜吃大虧」，但是有些人卻偏偏聽不進去這句話。這些人喜歡順手牽羊，愛占小便宜。他們較為自私，很少會為他人考慮。就算平日裡你與他的關係再好，如果遇到利益衝突，他會離你遠去，甚至落井下石。

俗話說：「害人之心不可有，防人之心不可無」，只有分清朋友的良莠，才能遠離

損友。因此，交友時一定要仔細鑒別，千萬不要把損友視為好友，免得讓自己陷入困頓和苦惱之中。

4. 莫以人數衡量自己的「資源」

人脈是一種資源，它既是顯性的，又是隱性的。對於個人而言，這種特殊的資源不能以人數多少來衡量，而是貴在求精。

「唉，很失敗，我的朋友圈竟然只有幾個人。」同事向我抱怨道。

與同事有相同看法的人不在少數，他們認為人脈就像石油有探明儲量和可採儲量一樣，只要你肯努力，石油就會不斷湧現。我很不贊同這種觀點，人脈資源的優劣是不能以數量來衡量的。試問，如果你的朋友滿天下，然而與對方的關係僅存於泛泛的表面，那龐大的關係網又有什麼用呢？

戴爾和米斯有著不同的交友概念，戴爾交友廣泛，頗有「來者不拒」的勢頭。米斯則不然，他交友前都要進行仔細的思考，在心中辨別此人是否可交後才會與其進行交往。

不同的交友觀念造成了兩個人不同的人脈網路。乍看之下，戴爾的人脈資源遍布很廣，而米斯人際關係網中的成員卻為數不多，寥寥無幾。

俗話說「患難見人心」，考驗人際關係網的時刻來臨了。由於金融風暴來襲，戴爾和米斯雙雙被原公司裁掉，這就意味著他們必須另謀出路。

戴爾在心中盤算應該向誰求助，可是那麼多朋友，他想來想去卻不知道誰會拉自己一把。他的那些所謂的「朋友」得知戴爾要有求於他時，不是滿露難色，就是告訴戴爾自己實在沒有那個能力；或是支吾其詞，根本不想真正出力辦事。戴爾硬著頭皮打了一通又一通電話，拜見了一個又一個朋友，最後卻以失敗告終。

米斯呢？米斯被裁員的消息剛一傳出，他的那幾個朋友就紛紛打來電話，有的為米斯推薦公司，有的邀請米斯與自己合作，甚至有人準備出資讓米斯「過過老闆癮」。

透過這件事情，戴爾對朋友有了新的認識，那就是「不能以人數來衡量人脈資源」。

我們應該這樣盤點和拓展自己的人脈資源：

①多樣性。

單一的職業分布和單一管道認識的朋友難免有一些同質性，這樣的人脈品質不會很高。只有拓展自己的人脈資源的種類，才能結交到不同的朋友。

②真實性。

實實在在的友情大大強於浮誇的關係。如果你的朋友都只停留在表面虛情假意的交往，那麼奉勸你一定要仔細審視人脈資源。

③平衡性。

人脈資源要平衡物質和精神方面的需要。有些朋友只將目光停留在物質需要，對精神需要一概忽略不計。這樣一來，就會讓人脈資源的品質大打折扣。

④結構合理性。

人脈資源的結構要科學合理，比如性別結構，年齡結構，行業結構等等。人脈圈子結構過於單一、單調，往往會導致人脈資源的品質不高。

⑤人脈資源的深度、廣度和關聯度相統一。

人脈的深度即人脈關係縱向延伸的情況，達到了什麼級別（即關係的緊密程度），哪些是知心朋友，哪些是泛泛之交；人脈的廣度即人脈關係橫向延伸的情況，範圍（區域與行業）有多廣；人脈的關聯度指人脈關係與個人所從事行業的相關性和與你的事業、生活直接的相關性。所以，精品的人脈資源就等於人際關係的廣度加深度加關聯度。

5.每個幕後都有關鍵人物

有些時候你會因為人的關係導致事情沒進展，苦惱的你有沒有追根溯源地思考一下失敗的原因呢？事情是人為的，事情的不成功就代表著你沒有搞定真正的關鍵人物。

「要想通融事，必先能通融人。」不先把人搞通，就不會把事搞定。一直以來，我都認為世上所有的事情都是由人酌辦的，與其苦心孤詣地斟酌事，不如盡心竭慮地斟酌人。當你搞清誰是促成事物成功的關鍵人物後，事情自然可以順利辦妥。

好友蘇珊在一家大公司工作，本來能力強、做事勤快的她早就應該升官的，而且她已經為公司效力了五年，怎麼輪也該輪到她了。可是老天不開眼，蘇珊的升官之路真可謂是「路漫漫其修遠兮」，比她晚來兩年能力不如她的小師妹都爬到她頭上做主管了，你想蘇珊心理會平衡嗎？

為此，蘇珊找人事主管，懇求、質問、講道理，可以說所有方法全都用上了，就是沒效果。人事主管要她直接找總經理，到了總經理那裡又被推回來說這事不歸他管，是人事主管的職責範圍。蘇珊就這樣被踢皮球似的踢了好幾個來回，後來連已經是自己上

司的小師妹都看不下去了，悄悄對蘇珊說：「師姐，妳知道妳為什麼升不了官嗎？」

這可是蘇珊最為敏感的問題，所以她即拉著小師妹的手問原因，師妹說：「還記得原來同部門的艾瑪嗎？就是有一次因為犯錯被妳指出來的那個。」

「記得啊，怎麼了？她不是因為那件事情被公司開除了嗎？」蘇珊說。

「沒錯，但是她後來成了董事長的小姨子，她對妳指證她當年的行為好像不能釋懷，而這件事情又被總經理察覺到了，所以才一直不肯升妳的官。我看妳還是去找她比較有用。」

原來艾瑪才是整件事情的幕後「黑手」！蘇珊終於明白了真相，但是又備感委屈，她當時並沒有針對艾瑪，只是就事論事，誰知道卻種下了如此禍根。但不管怎麼樣，為了自己的前途，她也只能去找這個幕後的關鍵人物去談一談了。

於是，蘇珊找到艾瑪說明來意，為當年自己的莽撞道了歉，並表明當時自己確實沒有針對她的意思。艾瑪也很坦然，她說那麼多年的事情她早就不放在心上了，當初只是在家庭聚會中跟總經理小小地抱怨了一下，誰知卻被總經理記在心上，以為她多麼記恨蘇珊。其實，她很快就找到了適合的新工作，而且現在生活得很好。最後，艾瑪答應蘇

202

珊去跟總經理說明，讓他別再為難蘇珊了。

事情終於得到圓滿解決，蘇珊也很快就升了官。

從這個事例中我們可以看到，如果你想圓滿完成事情，就要找對人，找到那個解決問題的關鍵性人物。當然，也許你會問，既然這個關鍵人物藏在幕後，那麼我又該如何將他找出來呢？

①慧眼識人，明辨關鍵人物。

既然關鍵人物隱藏在幕後，你就需要下一番苦功將其識別出來。以蘇珊為例，由於弄錯了幕後真正的關鍵人物，使事情進展陷入了僵局，險些前功盡棄。這時候「總經理」和「人事主管」全都失去了效用，因為他們都不是真正的關鍵，關鍵人物是早已不在這家公司，跟他們已經沒有了關係的艾瑪。雖然她不管公司的運作，卻影響著蘇珊的前途。

由此可以看出，所謂的關鍵人物是指能夠在某件特定事情中給予有利幫助與照顧的人。

只有明白這一點，才能夠順利通關，進入到下一個環節。

②跟進關鍵人物，不達目的不甘休。

既然你已經找到了幕後的關鍵人物，就要投其所好，與其溝通。碰壁、遭到冷淡對待是辦事經常會遇到的問題，只有用「不達目的不甘休」的聲勢緊緊跟進關鍵人物，才能讓其為你「服務」，提供有效的幫助。

「找對人，辦對事」是一門學問，缺乏一定的技巧，會找不對人，更會辦不好事。因此，辦事前要仔細研究。誰是幕後的關鍵人物？關鍵人物該如何找到？他最關注的問題是什麼？只有找對人，並與其建立良好的關係，才能順利搞定事情，無往不利。

6.找到真心幫助你的人

有些事情靠自己的力量無法搞定，所以你需要幫手，可是那些看似有用的人卻會拆你的台。所以，你要找到真心幫助你的人，才能將事情辦成。

我一再強調要找對人，找能幹的人，找管事的人，找關鍵的人，這些人都是能將事情促成的人，所以找他們沒錯。不過，這也是有前提的，那就是這些人願意幫助你將事情完成。如果你找的這個人是當面一套背後一套，那麼他越「有用」就越能扯你的後腿。

因此，你找的那個人在確定能幫你辦事的同時，還得是真心幫你辦事的人。

邁克是我的大學同學，畢業後一直在做進出口生意。進出口生意說簡單也簡單，說複雜也挺麻煩。不管是出口或者進口都需要很多手續，這些手續將邁克搞得很頭大，有時候很長時間都沒辦法得到批覆，這當然會影響交易。所以，邁克上上下下找了很多人，希望能夠將事情盡快辦妥，當然這些都是在符合章程、遵守法律的情況下去做的，只是為了讓時間更快一些。可是邁克找的這些人好像都對他的事情心不在焉，表面上答應好好的，可是就是不辦事。邁克將所有的方法都用盡了，還是不見成效。

無奈之下，他去找請教原來公司的老闆。邁克原本是很不好意思的，因為老闆一直器重他，結果他卻當了「叛徒」跑去「單飛」了。原來的老闆度量很大，不僅關切地詢問邁克的近況，還問他有沒有需要幫助的地方。邁克跟老闆說了自己的困境，希望他能給自己一些指點。

老闆聽後真誠地說：「你怎麼不早來找我，這件事包在我身上了。那些人我都很熟的，很快就能搞定。」

邁克聽後半信半疑，心想，自己「背叛」了老闆，他還能真心幫助自己嗎？也許只是客套而已。誰知第二天邁克剛上班，審批下來的材料就放在了桌上。邁克立刻感恩戴德地打電話給老闆，感謝他不計前嫌幫自己度過難關。

老闆說：「不計前嫌？邁克，你可別說這種話。我們之間哪裡有前嫌？當初我快要破產的時候，公司的員工都走光了，就剩你還對我不離不棄，我感激你都來不及，哪裡來的前嫌？就算你後來離開了，也是在我發達了之後啊！每個人都有自己的理想，離開這件事情你一點錯都沒有。我能幫到你，開心都來不及呢！」

邁克遇到一個好老闆，願意真心幫助他，所以他才不至於在事業剛起步時就沉入谷

206

底，這是邁克的福氣。

當然，我們也有屬於自己的「福氣」，想要把事情做成，就去找那些真正對我們有幫助，並且真心來幫助我們的人。而這些人或許對我們心懷感激，或許對我們抱有好感，所以他們才願意幫助我們。而感激和好感如何建立，就值得我們好好研究一番了。

7. 尊重為你辦事的人

美國詩人惠特曼曾說：「不尊重他人，就是對自己的不尊重」，尊重生命中出現的每一個人是我們最應該具備的處世態度。

上學時，老師教育我們說：「人與人之間的交流是建立在真誠與尊重的基礎上，唯有尊重他人，才能夠獲得別人的尊重與信任。尊重他人不僅僅是一種態度，更需要付諸於實際行動。」長大了走進社會，現實生活給我上了一課又一課，讓我知道了不管何時何地都要尊重每一個人，尤其是為你辦事的人。

趙鶯是一個職場新鮮人，缺乏經驗的她初入職場竟然連傳真機也不會用。

有一天，上司讓趙鶯去發一份傳真，趙鶯雖然面露難色，但還是硬著頭皮答應下來。

「該怎麼用呢？」趙鶯心裡七上八下的，緊張得都要哭了。

「王姐，您能告訴我如何使用傳真機嗎？」趙鶯鼓起勇氣向同事求助。

王姐熱心地教趙鶯，直到傳真順利發出。從此，趙鶯對王姐敬重有加。而面對趙鶯這種求知欲強且懂禮貌的女孩，王姐自然親力親為，在工作上給予扶持和幫助。

208

只有在日常的生活和工作中注意到細節問題，才會讓尊重具有普遍性和社會價值。

尊重幫助過你的人，不僅代表著個人修養，而且還將你的感恩之情展示出來。

電視臺採訪一位知名的學者：「你最尊重的人是誰？」

觀眾以為學者會回答恩師、父母之類的答案，沒想到學者的回答竟然讓人跌破眼鏡。

學者說：「我最尊重的是給我送信的郵差。」看到在場眾人不解的表情，學者繼續說：「由於工作性質，我的信件很多。由於我經常在世界各地舉辦講座，在家的時間少之又少，郵差很難找到我。令我意想不到的是，這名郵差卻毫無怨言，只是找我要了一張我的行程表，盡可能在我不外出的時候送信件給我。另外，這名細心的郵差知道我有午睡習慣，他從來不會在中午時來打擾我，而是犧牲個人下班時間加班來工作。對這名郵差，我心懷感激，在此我想對他說一聲謝謝。」說完，學者起身對著攝影機深深一鞠躬。

心理學家認為，人總是要以一定的距離來顯示自己的不同地位，這種距離感的獲得，就是尊重的需要獲得滿足。

而在人際交往中要承認彼此存在於外顯的或內在著的心理距離，應該尊重這種距離，不能輕易地突破它，這包含尊重他人的人格，他人的個性習慣，他人的情感興趣，他人的隱私等。

在我們的生活中，如果我們對所有的人，不管其地位高低、貴賤，都能夠給予應有的尊重，把他們放在一個適當的尊重距離上，你的一個微笑，一句問候，都會為你的人際交往帶來信心和成就。

尊重為你辦事的人是一種積極的處世態度，從某種意義上來說它更能彰顯人格的力量。「尊人者，人尊之」，只有懂得尊重別人的人，才會是真正值得別人尊重的人。

8. 求人要講究策略

只有求人的策略正確，才能順利地促成事情的成功。

《孫子兵法》中有「不戰而屈人之兵」的策略，也就是不交戰，不使用武力就使對方投降，此所謂攻心之法。如果我們在求人辦事的時候運用這種方法，是不是也能收到好的效果呢？

在《三國演義》中有這樣兩個故事：曹操為了將徐庶拉到身邊為自己效命，就抓住徐庶是孝子這一點，以此進行威脅。後來徐庶雖然來到了他的身邊，但是心卻離曹操很遠；劉備三顧茅廬，前兩次碰了壁。但是劉備不急不躁，繼續將禮賢下士的作風發揚光大。最後，劉備打動了諸葛亮的心，答應出山助他匡扶漢室。

現實生活，找人辦事同樣如此，只有講究策略贏得對方的心，才算把事情圓滿完成。

任職房屋仲介公司的卓琳最近遇到了一個難纏的客戶，這名客戶想購買一間房子，條件只有一個，那就是要求和自己現在所租住的地段一樣，能夠眺望遠處的風景。

一開始，卓琳認為這並非難事。財神爺主動送上門來，簡直是天大的喜事。隨著卓琳篩選房屋的工作越來越多，她頭上開始冒了冷汗。以客戶的條件，要找到一處能夠眺望遠處風景的房子簡直太難了，也就是說客戶現在所居住的地方是獨一無二的。

如果直接將找不到房子的事情告訴客戶，不僅損失一筆大生意，弄不好還會惹客戶生氣。這該如何是好呢？

卓琳來到客戶的住處，裝作不經意地詢問：「這間房子您有什麼不滿意的嗎？」客戶回答：「沒有，只不過稍微舊了一點。」卓琳繼續說：「您家的兩個孩子都是在這裡出生的吧！」「是的，我兒子和女兒都是在這裡出生的，他們都很優秀。」提及孩子，身為父親的客戶眼睛裡放出慈愛的光芒。「那麼，您有沒有想過，繼續居住在這幢房子裡，將這溫馨的氣氛永遠保留住呢？」

經過卓琳一番勸解，客戶想了想自己確實沒有換房子的必要，於是爽快地買下自己所居住的房子。

卓琳之所以能夠做成這樁生意，就在於她抓住了客戶念舊的想法，並且巧妙地運用「攻心法」解決了這個問題。

212

這裡所說的攻心法，只不過是辦事的一種謀略而已，其含義是指：「你不僅需要準確瞭解對方的內心世界，而且還要在此基礎上，打動對方並進一步征服對方的心，使對方信你、敬你、服你、愛你，心甘情願為你效力。」

通常情況下，一個心態正常的人希望遇到怎樣的請求者呢？

根據心理調查分析，被請求者和請求者的企圖與要求主要有以下四個心理層次：

①追求安全。

被請求者喜歡光明磊落之人，只有這樣心裡才會產生安全感。

②追求溫暖。

如果請求者能夠訴說自己的疾苦，期望對方體諒自己所遇到的難處，就能夠在情感角度上打動被請求人。

③追求依賴。

請求者只有讓對方十分信任自己，對方才會讓你擔當一些重要的事情。

④追求一致。

被請求者希望請求者和自己思想一致，只有這樣才會心甘情願為其提供便利條件。

老練的求人辦事者一定會對以上四個心理層次瞭若指掌，並能夠針對特定人群和特定的心理感受去投其所好。正是因為找對了策略，採取了不同的攻心謀略，事情自然可以順利辦成。

9.找到能夠辦事的那個人

中國有句俗話說：「縣官不如現管」，職位的高低並不能決定事情的成敗，想辦成一件事，直接找管事的人會快速有效得多。

很多時候，我們以為要把事情辦成找的人職位越高越好，因為「分量」在那擺著，似乎沒有人敢不聽。這種說法不無道理，因為一個管事的下屬自然會對不管事的上司忌憚三分。但往往很多時候也只是忌憚而已，我們完全不能排除你找的這個「官位」很大的人不想越權傷害下屬，或者這個管事的下屬不願意看上司臉色，故意陽奉陰違。既然我們想辦成事，就應該找對人。這時候，找管事的自然比找官大的效果要好得多。

朋友詹思凡最近十分苦惱，公司要更換一批電腦，這個採購任務落到了他的身上。

詹思凡經過幾天的考察，發現有一個品牌的電腦很適合。於是，他試著以集團採購的名義向電腦公司申請降低價格。他來到第一家電腦公司，剛一進門就被櫃檯工作人員攔下，詹思凡向其表達自己的來意之後，櫃檯小姐以「沒有預約」為由將他拒之門外。

隨後，詹思凡費盡腦汁找到了這家電腦公司老總的電話，可是老總還沒等他的話說

完，就說了聲：「對不起，我正在開會，改日聯繫。」便匆匆掛斷電話，從此杳無音訊。

究竟是哪裡出了差錯？詹思凡百思不得其解。為了能夠順利完成任務，他向採購部的老員工請教。老員工聽了他的訴說，並沒有過多指點，而是反問了一句：「你找到了真正管事的人了嗎？」

聽完這話，詹思凡猛地一拍腦門，如醍醐灌頂般醒悟過來。自己費盡周折打聽到電腦公司老總的電話，自認為老總是公司裡最管事的人，但是他沒有考慮到，銷售工作最有發言權和決策權的其實是銷售部經理。

詹思凡連忙向老員工道謝，隨後，他與電腦公司的銷售經理進行了聯繫和溝通，對方對詹思凡這個客戶很感興趣，竟然主動要求降價以促成這單筆買賣的成交。詹思凡目的達到了，而且再也沒有犯過類似找「縣官」不找「現管」的錯誤。

「縣官不如現管」，這個道理我不說大家也都知道，只不過很多時候我們容易被表面現象所迷惑，常常將「權力」的分量看得過重，把權力的大小當成事情成敗的關鍵，所以很多時候就會出問題，讓我們多走冤枉路。

其實，官大的人未必有真正的決定權，而且他未必會幫助到你。

試想，你找一個職位高的人去給管事的下屬施加壓力就已經傷害了對方的自尊，你

還指望他會心甘情願地為你盡心做事嗎？不給你耍點小手段製造點小障礙，已經是手下

留情了。

10. 聽懂言外之意、話外之音

言外之意、話外之音就是人們常說的「話中有話」。這個現象在生活和職場中普遍存在，而聽懂言外之意、話外之音已經成為人際溝通的必備技能之一。

和人打交道，善聽弦外之音，又會傳達言外之意，是最奧妙的人際關係操縱術。在社會交往中，精於世故的人大多都擅長話裡有話，一語雙關，「高明」的小人也喜歡暗藏玄機。聽話者必須弄明白這些人的真實意圖，方能應對恰當。

最近，我在上網時看到人力銀行網上做的一項調查，調查結果顯示，在近兩千名受訪者中，超過九成的職場人使用過或遭遇過「言外之意、話外之音」的現象。因此，我們身在職場一定要會聽話、聽懂話。

① 一定要聽清楚老闆的話外之音。

艾倫在一家健身房擔任教練，這家健身房規模很小，健身教練往往身兼數職。

自工作以來，艾倫很少正常下過班。年末，他找到老闆談了一次話，目的只有一個：

218

如果要繼續留用他，就得給他適當加薪。

老闆先把健身房未來幾年的發展和規畫描繪了一下，還把一些預算和盈利都透露給艾倫。隨後，老闆和善地說：「艾倫，我很看好你，你工作也很賣力。好好做，我自然不會虧待你。」

談話完畢，艾倫滿心歡喜等待加薪的消息。可是一天過去了，兩天過去了，艾倫又拚命做了半年，老闆依然隻字不提加薪。

艾倫醒悟了，原來老闆那句話的話外之音就是：「你是我培養出來的，我的員工必須好好幹活，加薪免談。」

分析：艾倫向老闆提出加薪，老闆先是將健身房的未來規畫透露給他，目的就在於告訴他健身房日後會有很大的發展，如果現在離開，你會後悔。之後，老闆大大誇獎艾倫一番，言外之意就是「雖然我很欣賞你，但是加薪的事情我還會考慮。」老闆的「話外之音」是最具職場屬性的，多半會涉及加薪、升職、績效考核、裁員等一些令人敏感的話題。此時，「言外之意」的形式以激勵、試探居多。這時的你不要被表象所迷惑，應該進一步提出你的要求，並且要得到老闆的明確回覆。

②聽懂客戶的「話外之音」，讓工作順利進行。

為了和客戶打好關係，吉米送給客戶一瓶昂貴的香水。客戶收到禮物後，打來電話說：「謝謝你，但是我們公司有規定，不能私自收取禮品。」於是，客戶又託人把香水送了回來。

一開始，吉米以為對方原則性極強，便不再用禮物來拉攏客戶。可是有一天，吉米發現一個同事和客戶的關係有了突飛猛進的進展。這是怎麼回事呢？

原來，這個同事得知客戶十分喜歡品酒，就特意從法國買回兩瓶上好的紅酒送給客戶，討得他的歡心。

這時的吉米傻了眼，他明明說不能私自收取禮品的，這究竟是怎麼回事呢？

分析：客戶將香水退給吉米，他說「不能收取禮品」包含兩層意思：一層是公司的規章制度很嚴格；另一層意思就是說，「我不喜歡香水，能不能送點別的禮物？」吉米沒有聽懂，認為客戶是恪守原則而將禮物退回，於是讓同事有了「可乘之機」。

可以說又不明說，暗藏潛臺詞、欲言又止是客戶話外之音的主要方式。做個有心人，懂得察言觀色就會事半功倍。

220

華人的普遍特點是含蓄，特別是在講話的時候，總會迂迴委婉地講出。那麼，如何聽出「弦外之音」呢？以下是專家教給我們的幾條小技巧：

①當對方談話的語氣突然改變時，你要留意是否有話外之意。

②對方的個別音調加重時，要仔細揣摩是否有什麼意圖。

③當對方故意做出暗示的肢體動作或特殊表情時你要明白他的意思。

④當對方突然停止談話，你要領會對方的用意。

⑤當對方認真地看著你並將一句話重複著說時，一定含有弦外之音了。

⑥談話結束時仔細觀察對方有無特殊的舉止。

⑦散席前對對方最後的幾句話要特別留心。

⑧對方想插話，欲言又止，你要結合自己剛才的言語推斷出他想說什麼。

⑨當你不經意的言語引起對方的注意時，你要做事後猜測。

⑩對方欲言又止，必要時你可以追問一下下面的話。

話外之音、言外之意是一種含蓄而又間接的溝通技巧，只有讀得懂、弄得清，並能巧妙地回應，你才會成為交際高手。

11. 做好遭受「冷淡對待」的準備

求人辦事碰壁是常事，有些人一受到「冷淡對待」就會情緒低落，心情不佳。如果在辦事之前充分做好準備，那麼事情的發展將會是另一番模樣。

我接觸過一些人，他們由於害怕遭受別人的冷淡對待，便認為求別人幫助時遭到拒絕是自己無能的表現，似乎有些丟臉。因此，事到臨頭時，他們臉皮薄，該開口的不開口，該要求的不要求，該批評的不批評，該拒絕的不拒絕，結果失去了大好時機，犧牲了自己的利益。

關於傳奇人物艾柯卡，廣泛流傳著這樣一個故事：

二十世紀八○年代，福特汽車公司總經理艾柯卡因為遭到小人的忌妒和猜忌被老闆炒了魷魚。面對沉重的打擊，艾柯卡沒有選擇消沉下去，而是立志要開創一片屬於自己的天地。面對數家優秀企業的招聘，他都委婉拒絕。經過仔細篩選後，他來到瀕臨破產的克萊斯勒公司，擔任公司總裁。

到任後，他準備大刀闊斧地大幹一場。首先，艾柯卡以產品品質、生產能力、市場

占有率和營運利潤等因素為基礎來決定紅利政策。他規定，如果主要管理人員達不到預期目標，那麼對不起，二五％的紅利就此扣除；另外，公司現在身陷困境，管理階層所有人員都必須減薪一○％。

這個政策一宣布，公司裡出現了兩種不同的聲音，有人贊成，有人反對。其中公司元老級的員工反對得異常厲害，他們認為自己的利益遭到了損害。為了讓政策好好地實施下去，艾柯卡冷靜地對待，並且率先宣布：「從今以後，我每年的年薪只有一美元。」

整頓完內部後，艾柯卡四處遊說，目的就是為了爭取政府的貸款幫助。

有一次，艾柯卡由於過度勞累，眩暈症突然發作，他昏倒在國會大廈的走廊中。為了公司的發展，為了能夠將貸款的事情處理成功，他毫無怨言，默默的承受著。

經過一番努力，艾柯卡終於帶領克萊斯勒公司走出困境。一九八五年，公司竟然創造了淨利潤五億美元的奇蹟。從此以後，艾柯卡成為美國傳奇性的人物。試想，如果艾柯卡遭到員工和國會的冷淡對待就心灰意冷，那麼這家公司將不會存在。

透過艾柯卡的故事，我不禁聯想到每個人的處事方式。人與人之間的相互幫助是生存和生活的必然。但是，出於種種原因，找人辦事遭到「冷淡對待」也屬於常態。要找

人辦事、學會求人，薄臉皮可是不行的。有一個眾所周知的辦事道理，那就是要擁有良好的心態。如果一個人不能控制自己的情緒，求人碰壁之後異常沮喪，從而恐懼與人交往，與人處事，這將是一件非常失敗的事情。

人的臉皮有薄厚之分，自尊心也會有強弱之別。有些人臉皮很薄，把面子看的高於一切，別人稍有一點冒犯，要麼火冒三丈，進行反擊，要麼拂袖而去，從此結仇。這樣的人常常為面子吃盡了苦頭，不僅讓交際難以成功，還會使自己的心理承受力越來越脆弱。有的人卻恰恰相反，臉皮真正勝過銅牆鐵壁。為了一己之私利，不惜出賣個人尊嚴、突破道德底線，厚顏無恥到了無以復加的程度。

其實，為人處事，臉皮太薄，不行；反過來，臉皮太厚，也不好。正確的方法是根據實際情況隨時調整，應當厚時就要做到厚臉皮精神，應當薄時應該做到自重自愛，把握好這個適度原則，在社交中就能夠變得靈活自如。

12. 知己知彼，才能掌握主動權

在找人辦事之前，通常要對對方的情況有個客觀瞭解。只有做到知己知彼，才能讓事態朝向有利的方向發展。

俗話說：「找人辦事要採取不同的策略和手腕」，仔細一想果真是這麼回事。想必你和我一樣，都有過找人辦事碰壁的經歷，究竟是哪個環節出現了錯誤？現在一想，其實從事情的開端就出現了偏差，沒有做到「知己知彼」，放著坦途不走，專門走磕磕絆絆的歧路，事情自然辦不成功。

傑森的一個老同學是 Sony 電腦的代理商，傑森想換一台電腦，於是就找到了這個老同學。

經過寒暄後，傑森提出想透過同學關係買到一台便宜的電腦時，老同學開始搔頭了，在短短十分鐘內，這個同學竟然找出十餘個理由來推辭，意思只有一個：幫不上忙。

傑森和老同學分開後，越想越氣，回到家中便和老婆發起了牢騷。

聽了老公的話，老婆想了想，問：「你知道他的近況嗎？」

「買台電腦有必要瞭解那麼多嗎？」傑森反問。

老婆用手指嬌嗔地點了一下老公的頭，說：「你這個木頭，這麼點事情他就推三阻

四，其中肯定有緣由。」

聽完老婆的話，傑森拿起手機向其他同學打探消息。原來，這位老同學幾年不見，

已經從業務員變成銷售主管了。傑森找他去辦事，他找出各種理由來推辭只不過是想擺

擺架子，打打官腔。

弄清楚之後，傑森再次找到老同學。他先是對老同學的升職提出祝賀，然後才把自

己買電腦的想法說出來。這個老同學聽後拍了下大腿說：「這點小事，包在我身上了。」

就這樣，傑森如願買了一台超值的電腦回了家。

所以，我們找人辦事之前最好摸清對方的底細，然後「對症下藥」促成事情的達成。

① 對方若是雙面人，要小心謹慎從事。

找人辦事的時候，免不了會碰到這樣的人，他當面口口聲聲地答應下來，轉眼就不

認帳了。如果你事先摸清這個狀況，那麼在與他辦事的過程中，盡量不要去得罪他。與

這樣的人辦事，你要謹防被他的別有用心所利用，謹慎地畫出一條界限，除了原則性問題，正當的要求都盡力給予滿足，讓他的自尊心、榮譽感也逐步有所展現。只有透過這種方式促使其良知發現，才可以利用他來為自己辦事。

②找態度冷漠的人辦事，要拿出十二分的熱情和耐心。

如果你找某人辦事，他總是面若冰霜。雖然你心裡不是很自在，也有不舒服的感覺，但出於辦事需要，我們不得不與之來往。那麼，在這種情況下你要拿出更多的耐心來與之對方溝通、交往。花些時間仔細觀察，注意他的一舉一動，從他的言行中，找出他真正關心的事來。

當今社會講究人際關係，要想在社會中立足，就要充分瞭解辦事之人。花點時間充分瞭解對方，知道他的優勢和劣勢，才能調整自己的辦事策略，最後獲得成功。

13. 切莫錯失良機

培根說：「只有愚者才等待機會，而智者則造就機會。」只有抓住稍縱即逝的機會，才能讓自己到達成功的彼岸。

關於時機有這樣一個著名的案例：

一九四四年的某一天，英美聯軍攜手作戰，他們準備橫渡英吉利海峽，在法國諾曼地登陸，開闢反法西斯的第二戰場。

為了確保登陸的萬無一失，英美聯軍投入了大量的人力物力。可是事與願違，當他們將一切都準備妥當後，偏偏天公不作美，下起了暴雨，狂風激起巨浪拍向海岸，已經入海的數千艘船隻只好退了回來。

到了第二天，聯軍的將領十分焦急。直到有一次，氣象專家根據最新的資料分析，三個小時後大雨即將停止。然而這一切只是推測，誰也不知道第二天的天氣會怎樣。基於這種狀況，空軍司令懷特不安地提醒總司令艾森豪說：「還是慎重考慮一下吧，如果天氣依然惡劣，我們會有全軍覆沒的危險。」

228

艾森豪說：「機不可失，錯了這次機會也許再也沒有恰當的登陸時間了。」他斬釘截鐵地向陸海空三軍下達橫渡英吉利海峽的作戰命令。下令的同時，他親手寫下了「我決定在此時此地發起進攻是根據所得的最好情報所做出的……如要譴責此次行動或追究責任，應由我一人承擔」的話語。

事實證明，艾森豪的決定是正確的，僅僅一天的時間，聯軍的十五萬士兵就順利登陸諾曼第，為開闢第二戰場奠定了堅實的基礎。

這個故事給我留下了深刻的印象，在現實生活中，我們每個人都可以成為艾森豪，只要抓住機遇，就能將事情辦妥，將人搞定。

為人處世是一門深厚的學問，它需要用雙手去創造、把握和贏得，只有把握機會，才能贏得成功。

有一個小村莊，住著一位非常虔誠的牧師。幾十年來，他一直兢兢業業地照顧著村裡的每一個人。

然而，天有不測風雲。一場突如其來的大雨，一連下了半個月，河裡的水位猛漲，將村裡的房子都淹沒了。渾身濕透的牧師，打著哆嗦爬上了教堂的屋頂。這時，遠處來

了一條船，船上有個人對著牧師喊道：「牧師，快上船吧，我來救你了。」

牧師看了看這個人說：「你走吧！我真誠地信仰上帝，我是他虔誠的僕人，上帝會來救我的。」

那個人只好划船走了。又過了兩天，水位更高了，牧師只好爬到教堂頂端的十字架上。這個時候又飛來了一架直升機，飛行員大聲對牧師喊道：「牧師，我放下吊索，你緊緊抓牢，我會救你到安全地帶的。」

牧師看了看飛行員說：「我相信上帝會來救我的，你走吧！」

直升機飛走後，大水很快就吞沒了牧師。

牧師死後來到了天堂，他非常生氣地質問上帝說：「幾十年來，我一直是您虔誠的教徒，一直都不敢違背您的旨意行事，可是您怎麼能眼睜睜看著我被淹死呢？」

上帝望著他說：「我可憐的孩子，我曾經派過兩個人去救你，一個船員，一個飛行員，可是你都錯過了。」

牧師的遭遇告訴我們，機會不會自己送上門來，要靠我們自己去抓，去把握。這也要求我們在開始做事情之前要尋找時機，在做事情時要抓住時機。

230

當今社會正處於一個快速轉型的時期，在這種變動的環境下，有的人抓住了機遇，累積人脈，順利成事；有的人卻形單影隻，一事無成。創造機遇的人是勇敢的人，等待機遇的人是懶惰的人，失去機遇的人是愚蠢的人。在漫漫人生道路上，只有把握機遇才能成就自己。

14. 背後說好話

懂得感恩，你的內心才會獲得一份充滿堅韌和幸福的寧靜。而學會背後鞠躬，則會讓你得到意想不到的超高人氣。

人際關係是每個社會人都不可避免的，誰都希望自己能夠獲得別人的好評，無論走到哪裡都能左右逢源，處理任何事情都遊刃有餘。也許有人會說：「別傻了，這怎麼可能呢？人無完人，怎麼會有人一直讚賞你、誇獎你、配合你呢？」你別不信，在這裡我偷偷告訴你一個與人交往的秘訣，那就是學會「背後鞠躬」。它的妙處在於既能讓你避免當面讚美、感激帶來的阿諛之嫌，又能讓別人對你的感恩之情心悅誠服，還能讓你收穫來自四面八方的青睞和好感，可謂一舉數得。

我的朋友艾米是公司的「人氣女皇」。每次聽到這個稱呼，艾米都會謙虛地說：「哪裡，哪裡，過獎了。」其實，她心裡就像吃了蜜一樣。為什麼同事和客戶都這麼喜歡她呢？艾米用的正是這一招——背後鞠躬。

剛進公司時，艾米就碰到了一個難纏的客戶。同事見艾米是個新人，就把這個「燙

手的山芋」扔給了她。看著同事們鬆了一口氣，坐在一邊等著看好戲的樣子，艾米在心底告訴自己：「看著吧，我一定拿下這個大訂單給你們瞧瞧！」在談生意的時候，不管客戶如何刁難自己，艾米的臉上始終保持著甜美的微笑。而且一有合適的機會就對別人說：「謝謝那位客戶的指點……他是前輩，值得我學習的地方太多了……多虧他的批評，讓我進步很大……」

久而久之，客戶知道了艾米在背後對自己的讚美，便爽快地簽了好幾張大訂單。這個時候，同事們只有「羨慕嫉妒」的份了。

難道艾米有什麼超凡的本領嗎？當然不是，只是艾米瞭解人都有這樣的心理：為了讓他人的印象和評價與自己所期待的形象相符，就會不自覺地調整言行舉止。為了跟艾米誇讚的形象相符，客戶便不自覺地順著艾米的意願去做她眼裡的那一種人，從而成全了艾米。說白了，艾米成功拿到訂單只不過是感恩的正面效果，再加上背後鞠躬的奧妙，才征服了這個被別的同事認為是很難搞定的大客戶。

背後鞠躬的好處早就被人際交往心理學所證明，是有科學依據的。如果當面讚美別人，難免會有恭維的成分，甚至會沾染上奉承的色彩。背後鞠躬則不然，把你發自肺腑

的感激之情透過第三者的傳遞，善意和友好的意圖就會呈幾何倍數增長，自然更容易讓人相信和接受。

從心理學的角度上看，背後鞠躬有以下的好處：

① 加深和驗證「相悅定律」。

相悅定律無非就是誰喜歡你，你就會對誰有好感。反過來，你對誰有恩，對方也會真心回報。感恩的人如果懂得背後鞠躬，那麼，「被鞠躬」的一方就會反過來感激你，最後達成雙方的「相悅」，而「相悅」產生的「副產品」往往好得出乎你的想像。

② 「背後」的方式，可以順利繞過對方的心理保護牆。

不管你承認與否，人出於本能都會在內心築起保護牆。如果別人將你的恩情一直掛在嘴邊，你的內心往往就會對此產生排斥，認為他誠意不夠，甚至是沒事獻殷勤。但如果某些正面資訊是從其他人口中獲得，心理防備就會鬆懈，自然就不會懷疑其可信程度。

處理人際關係，人才是主要關鍵，搞定了人，事情自然就會迎刃而解。在生活和職場上，如果能掌握感恩和背後鞠躬的交際方法，自然會迎接人際關係的另一個春天。

第五章

搞定人：千人千面，千種手段

搞定人的秘訣就是：「經營人際，利用人力，成就人氣。」只要合理運用這個交際秘訣，你個人的力量就會得以發揮，並最後成就人生。

1. 對立解決不了問題

面對不同的人和事，步調總保持一致是不可能的。如何才能在不同看法和觀點的對立中辦妥事情呢？那就是順著事態發展的方向提出自己的看法，而不是選擇對立。

「我被開除了。」大衛垂著頭對我說。

得知這一個消息，我一點也不吃驚，依照大衛的性格和處事方法，被炒魷魚早在我意料之中，以工作為例，大衛的做事能力不可否認。但是，他總會不識趣地和上司作對，有時甚至鼓動所有員工一起和上司唱反調。

「想知道你為什麼被炒魷魚嗎？」我問大衛。

「上司小心眼！」看來，他還是沒有認識到自己的錯誤。

在交流的過程中，每個人都有不同的看法和觀點，這樣一來免不了就會和別人「撞車」。特別是當我們面對上司時，如果每次出現矛盾，就選擇作對，那簡直就是引火焚身。

但是選擇逃避和放棄也不是明智的做法，不如嘗試著這樣做：

238

① 不和上司作對，委婉搞定事情。

也許你會說，不和上面作對，不就等於要言聽計從嗎？此話非也。委婉並不代表放棄自我，而是採取一種迂迴方式，慢慢將上司說服。

「這個週末加班，誰都不准請假！」老闆又一次下達「霸王令」。

「啊？又加班？煩死了。」員工敢怒不敢言，只好在下面小聲抱怨。

老闆脾氣火爆，有一次一個員工頂撞了他，當場就被開除。所以，即使大家心裡有萬般不滿意，還是忍氣吞聲，逆來順受。

聰明的小昭則不然，她想出一個好辦法。小昭對老闆說：「老闆，完成工作是我們每個職員應盡的義務。可是，您身為老闆每天都要處理繁忙的事務，如果週末再陪我們加班，大家真怕您的身體吃不消。」

聽著小昭「關心」的話，老闆想了想，說：「最近我身體是不太舒服，週末大家也都休息吧！」

聽完老闆的話，大家心中都在竊喜，只見小昭背著老闆調皮地向大家眨了眨眼睛，用口型對大家說：「老闆順利搞定！」

②和同事、朋友相處，不搞對立是搞定事情的竅門。

我們每天都會和不同的人打交道，如果朋友、同事不同意你的看法，你該怎麼做呢？我先不回答這個問題，先看一看瑪麗的做法你就會有解決問題的方法。

這是一件非常小的事情，但能夠以小見大：瑪麗十分喜愛攝影，為了購買一套專業的攝影設備，瑪麗省吃儉用大半年。當銀行帳戶裡的錢終於可以買到夢寐以求的設備時，同事、朋友卻紛紛向瑪麗潑冷水，說：「辛苦存下的錢就為了買一套不能吃、不能穿的相機？不划算，還是不要買了。」「瑪麗，錢要用在刀口上，這些錢還是做應急之用比較妥當。」

瑪麗知道朋友和同事都是出於善意，可是不買，違背了自己的心願；買，又會讓大家認為自己不聽勸，弄不好會傷害感情。怎麼辦呢？

瑪麗先是去租了一套攝影設備，抽出一天時間為同事、朋友義務拍照。當漂亮的照片洗出來後，大家紛紛稱讚瑪麗有攝影天賦。於是，阻攔的聲音消失了，瑪麗自然如願以償買回了自己想要的東西。

為人處世需要一點技巧，一點謀略，如果一遇到問題就劍拔弩張，不但會將事情搞砸，還會讓人際關係陷入僵局。找準思路，換種做法，委婉說服對方讓事情成功是一種智慧的表現。還等什麼？你也試試看吧。

2.用對方的觀點說服對方

每個人的想法都是不一樣的，我們辦事所涉及到的人也各有不同。如何才能讓事情順利進行呢？用對方的觀點說服對方是個萬全之策。

辦事「碰壁」的經歷你遇到過嗎？想必遭冷淡對待和拒絕的滋味不好受吧。雖然我們不願意接受，可是這種狀況卻時有發生。究竟是問題棘手還是對方不合作呢？在回答這一連串的疑問之前，我先要問問你，你求人辦事的理由是否充分，觀點是否站得住腳，能否說服對方？在經過一段時間的摸索和實踐後，我想出的訣竅是：用對方的觀點去說服對方。

說服對方做一件事情卻遇到阻礙時，該怎麼辦呢？如果在這個時候我們能夠透視對方，根據言談舉止等細節洞察其真正意圖，然後盡量順應他，甚至搶先一步將他的觀點表達出來，促使他打開心扉，那麼就能把要辦而未辦的事情解決了。

家康為人熱情大方，善於和各種人打交道。最近，他剛剛跳槽來到另一家公司，面對人生地不熟的狀況，他在心底暗想：「如何才能得到新上司的認可呢？」在做了一番

242

調查以後，他心裡有數了。

某一次，上司將一項工程外包給另外一家公司，其觀點就是「自己公司忙不過來，不如分杯羹給別人」。上司剛宣布這個決定，底下的人就開始議論紛紛，有人認為上司徇私情，將可以獲得高利潤的分內事讓給了別人。

基於這個外包決定，公司內很多員工都找上司「理論」，希望他能夠改變這個決定。無奈，每次理論的結果都只有一個，那就是被冠冕堂皇的理由所拒絕。

家康冷靜思考一段時間後找到上司，他並沒有用大多數人所使用的觀點來說服上司，反倒認同了「自己公司忙不過來，不如分杯羹給別人」。他的做法令大家跌破眼鏡，會場內頓時響起了不認同的聲音。家康並沒有在意旁人的舉動，而是繼續用這個觀點和上司展開討論。他說：「我們是一家大公司，分給別人一杯羹並不為過。但是，這個項目不僅利潤大，而且還是製造聲勢的好機會。如果我們能夠藉此機會打響公司的品牌，將有利於企業的發展。到了那個時候，我們自然會分很多杯羹給別的公司，並且幫助他們壯大。」家康的一番言辭讓上司啞口無言，經過他的分析，上司「分杯羹」的觀點雖然沒錯，但是顯得不合時宜。最後，上司接受了家康的建議，並宣布收回先前的決定。

一時間，上至公司元老，下至職場新人都為家康睿智的處事方法所深深折服，眾人豎起大拇指說：「你用上司的觀點說服上司，這個辦法真棒！」

利用對方的觀點來說服對方，是一門高超的處世藝術，但要注意以下幾點：

① 冷靜分析對方觀點的利弊。

任何事物的正反兩面都是相互依存的，既然有利，那麼也會存在弊端。只有規避其弊端，合理分析此觀點，才有可能將對方說服。

② 保持不卑不亢的態度。

說服對方時，即便在對方的觀點上掌握了充足的理由，也要保持合理的態度。其一，不可過於謙卑。這容易讓對方產生高高在上的感覺，使自己的觀點變得無力。其二，不可過於強硬。如果你堅持使用強硬的態度，哪怕言語的說服力再強，也會讓對方感到厭煩，容易產生反抗心理。

冷靜地「以其人之道還治其人之身」，用他的觀點這個「矛」去攻擊他的「盾」，從而讓他認同你的觀點。看來，如果想順到「擺平」一件棘手的事情，搞定人才是重要關鍵。遇到「難纏」的對手，硬來是行不通的，改變思路學會「智取」才是王道。

3. 不要碰別人衣櫥裡的骷髏

在複雜的人際關係中，我們相處起來並不容易。但是，只要你懂得與人相處的藝術，不輕易觸碰對方的底線，就能左右逢源、八面玲瓏地處理各種難以搞定的事情。

「每個人的衣櫥裡都有一具骷髏」，在我們心中都會有一個不想被別人觸探的角落。這塊印有專屬標記的私人地域，即便對方是親密無間的好友或者用情至深的情人，你也不願意對其徹底開放。所以，請抑制住自己的熱心和好奇心，別人的底線一定不要去碰，如果你想越過雷池，就如同伸手去摸別人衣櫥裡的骷髏，不僅自己會受到驚嚇，也會冒犯到對方。

那麼，如何才能做到不去觸碰別人的底線呢？

① 敏於事而慎於言。

「敏於事」，顧名思義就是應該做的事情要立刻去做；而「慎於言」則告誡你，不該說的話萬萬不可說出口。

「你們知道嗎？這次晉升名單中不但沒有里歐，而且他還有可能被降職呢！」一大

早，「多嘴」的梅根就對辦公室的同事公布了這個重大消息。

「真的嗎？」同事顯然不太相信。

「據可靠消息透露，里歐因為一個專案問題頂撞了董事長，董事長對他的做法十分

不滿。」梅根滿臉驕傲地說，她在為知道了別人都不知道的事情而感到興奮。

「那里歐真是太可憐了。」同事們紛紛為里歐打抱不平。

正在這時，里歐走了進來，恰巧聽到同事們的議論。此時的里歐惱羞成怒，立刻與

梅根發生了激烈的言語衝突。

我們暫且不去想像里歐和梅根日後的關係如何，光是梅根的這個舉動，我們就已經

知道她的人氣一定會不斷「下滑」。

② **不觸及對方的短處。**

俗話說：「打人不打臉，揭人不揭短」，每個人都有不希望被他人觸及的短處，因

此，越是親密的關係越要懂得尊重對方。

王佳佳身材矮小且體態較胖，所以她走路的姿勢並不是很優雅。

有一天，朋友羅莉在街上看到了王佳佳，就打趣說：「妳看看妳，像一隻搖搖晃晃的笨鴨子。」一開始，王佳佳沉默不語，尷尬地笑了笑，可是心中很難過。過了一會兒，羅莉繼續說：「妳呀，趕緊減肥吧。哦，不對，減了肥身高也不能改變，妳註定要當一輩子的笨鴨子了。」說完，羅莉哈哈大笑起來。

這一笑不要緊，王佳佳心中的小宇宙熊熊燃燒起來，一場爭吵就此拉開序幕。從此以後，王佳佳斷了和羅莉的任何來往，好朋友變成了陌生人。

羅莉犯了為人處世的大忌，那就是用利器去攻擊他人心底最柔軟的地方。俗話說：「金無足赤，人無完人」，每個人都有自己的缺點或短處，換個角度思考一下，如果有人刺痛你的自尊，心中的滋味必定不好受。所以，不去觸及對方的短處也是尊重對方的一種方式。同時，我們也要明白這樣一個道理：尊重他人，也是尊重自己。

③不要隨意觸碰別人的隱私。

每個人都有自己的秘密，在這個秘密花園裡，很少有人願意讓外人走進來。硬闖他

人的私密領地，無疑是在向對方示威，最後讓對方充滿敵意。

文靜的夏荷一反常態，在辦公室內與艾米發生了爭執。

她們兩個不但是同部門的同事，而且住在一個社區。有一天，艾米神秘兮兮地對同事們說：「夏荷的老公另結新歡，我們所住的社區有人看到了。」看著艾米「八婆」的模樣，有的同事善意地提醒說：「還是不要議論別人的家事，大家先忙手頭的工作吧！」

沒想到艾米不屑地撇了一下嘴，說了聲「真沒勁，狗拿耗子——多管閒事」說完，又去其他部門傳播這條小道消息。

沒多久，這條帶有隱私的「新聞」就傳得沸沸揚揚了。夏荷終於忍無可忍，來到艾米面前進行質問，這就有了開頭發生爭執的那一幕。

令艾米沒有想到的是，所有的同事都「偏向」夏荷那一方，紛紛指責艾米在背後議論他人家事的錯誤做法。艾米「委屈」地哭了起來，她問道：「我真的做錯了嗎？我究竟做錯了什麼？」

這時，一位好心的公司前輩對她說：「每個人都有自己的秘密和隱私，尊重別人的隱私是對人最起碼的尊重，同時也是展現自我的修養。而妳最大的錯誤就是觸犯了夏荷

的底線，冒犯了她的尊嚴。」

經過前輩的批評和指點，艾米終於認識到了自己的錯誤，除了及時向夏荷道歉外，她也為自己上了人生中重要的一課。

人際關係是複雜的，如果你總是在試探別人的底線並且「越線」，最終吃虧的是你自己。其實，學會為人處世並不是一味的圓滑，而是一個人在生活和職場生存顯得成熟的策略。如果你懂得遠離別人底線，相信你的人際關係會處理得更好。

4. 管好自己的嘴巴

謹言慎行是交往過程中必須恪守的準則，不該說的話不說、管好自己嘴巴的人才是真正聰明的人。

很多人都對我說過這樣一句話：「人際交往全靠一張嘴巴。」我們先不去討論這個觀點的對錯，斷章取義地看這段話，我們不難發現，嘴巴竟然有如此重要的地位。

我們誰都不能否認，言語在人際交往中可以助你一臂之力也可以令你一敗塗地。因此，我們在溝通時要分清楚什麼話該說什麼話不可以說，在某些時候，更要學會守口如瓶。

不要以為對方和你談談心，態度空前親密你就可以暢所欲言，將別人的事情和心中的秘密一股腦脫口而出。有的時候，對方很友好地與你「談心」時，往往是考驗個人人品的時候，這個時候藉機對別人說三道四是萬萬不能的。

王小青剛剛進公司不到三個月就接到通知，要她陪同頂頭上司出國參加培訓。看著上司對自己如此器重，王小青感到萬分激動。

培訓之餘，上司就會和王小青一起聊天。看著上司沒有擺出主管的架子，王小青便把上司當做了朋友。

某一次聊天，上司不經意說：「妳是個人才，我打算好好培養妳。妳比王嘉華有悟性，從妳辦事的方式和態度就能看出將來妳會有所成就。只要妳好好努力，前途不可限量。」

聽到上司對自己的評價這麼高，王小青有些忘乎所以，她說：「謝謝您的肯定，說到王嘉華，我也覺得他缺點很多。他做事拖拉，責任心不強⋯⋯」還沒等王小青說完，上司竟然中斷了話題，頭也不回地走了，王小青一時間感到莫名其妙。

培訓結束後，王小青有意無意地討好上司，但是上司卻對其視而不見。

有一天，王小青終於忍不住了，她決定向上司問個究竟。

上司對她說：「妳剛到公司，很多人和事情都不是很瞭解，隨意評論其他員工的做法在公司是堅決杜絕的。首先，妳是新人，應該謙虛學習，公司裡的每一位同事都是妳要學習的對象，妳有自己的長處，他人也有自身的優點。其次，妳剛到公司才三個月，就開始對其他同事指指點點，這樣會擾亂辦公室的正常工作秩序。」此時的王小青欲哭

無淚，她萬萬沒想到，幾句話竟然有如此大的反作用。

透過這件事情，王小青得到了教訓，過了半年，她被調到其他部門。在這個部門裡，身為秘書的王小青能夠知道部門主管的很多公事與私事。

為了瞭解更多內幕，一些員工會找王小青，打算從她嘴中獲得他們想知道的資訊。

王小青秉承著不該說的話就不說的原則，委婉地拒絕了。最後，王小青的緘口謹言讓經理對其產生了信任感，認為她是可以託付重任之人，不久就將其升職加薪。

人與人之間的溝通永遠要謹言慎行。王小青能夠吸取教訓，牢牢記住守口如瓶的道理，才會在日後的職業生涯中平步青雲。

老子云：「知者不言，言者不知」，這句話包含著深刻的處世哲理。那些講話不經過大腦，一時衝動就將不該說的話一股腦倒出的人必然會受到一些「教訓」。所以，學會在講話前三緘其口、守口如瓶，不但是為人處世的黃金法則，而且也會有利於個人的發展，得到別人的喜愛、認同與信任。

5.給別人留面子就是給事情留轉機

大家常講，人要臉，樹要皮。如果你處處不給別人留面子，對方就會對你心存怨恨，暗中堵你的門路。因此，給別人留面子，就等於為自己的人生打開了一扇門。

「留有餘地，就會進退自如，這是處事的藝術和做人的哲學；不留餘地，就好比兩軍對立，往往以兩敗俱傷而收場。」身為社會人的我們在為人處世時也要如此，懂得給別人留面子，就相當於給事情留轉機。

我有一個十分固執的朋友，不管什麼事情他都要和別人講出個所以然來。慢慢地，周圍的朋友一個個離他遠去，成為「孤家寡人」的他為此甚是苦惱。

「我真的這麼惹人嫌嗎？」朋友小聲啜泣著。

看著他悲傷的模樣，我決定好好幫他：「你先講一個和朋友相處的事例，然後我給你具體分析一下。」

朋友輕輕擦乾淚水，對我說道：「我曾經有一個非常要好的朋友，我們二人無話不

254

說。可是，因為一些小事情，他竟然慢慢疏遠了我。

事情的起因是這樣的：我們一同外出旅遊，由於他的粗心與疏忽，把我們的證件全弄丟了。焦急之餘，我們只好放棄計畫好的行程，匆匆趕了回來，補辦一些證件。

面對朋友誠摯的道歉，我依然感到十分惱火。我常常想起遺失證件而無法旅遊的事情，總會控制不住惱怒的情緒去數落他，然後告訴他做事一定要認真仔細。一開始他總是沉默不語，點頭聽著。但是有一次在朋友聚會的場合，我又一次提及此事並且當眾批評他，他竟然拂袖而去，留下『狠話』：『你太不尊重我了，雖然我有錯在先，但已經努力去補救。沒想到你竟然在這麼多朋友面前劈頭數落我，讓我顏面掃地，我想我們不適合做朋友了。』

就這樣，這個朋友離我遠去。

其實，我批評他只是出於善意，希望他改掉粗心的毛病，沒想到最後竟然落得如此下場，難道我做錯了嗎？」

朋友的話說完了，我想了想，為他指出了兩點應該注意的「面子問題」。

① 為人處世切記勿步步緊逼。

每個人都愛面子，因為面子問題關係到自身的尊嚴與地位。我們每個人都有爭強好勝的一面，在心底都想比別人站得「高」一點。就是因為不懂得示弱和後退，往往會讓自己步步緊逼，最後將自己置於進退兩難的境地。

② 給別人面子，實際上是在幫助自己。

俗話說：「面子換面子，善用面子好辦事」，在為人處世中恰當地給別人留點面子，就是在潛移默化中為自己搬走絆腳石，鋪平了前進的道路。反之，做事喜歡做絕，無情剝奪他人面子的人無疑是在給自己拆臺，截斷自己的所有道路。

我的這位朋友就是犯了以上的兩點錯誤，他不懂得為他人留面子，結果親手葬送了友情。為了讓他進一步認識到給別人留面子的重要性，我跟他說了一個故事：

古時候，有一個窮秀才甲進京趕考。半路上，他遇到了秀才乙，於是二人結伴同行。

某一日，天氣驟變，下起了暴雨，秀才甲和秀才乙急忙跑到一個山洞中避雨。

「好在躲得快。」秀才乙一邊慶幸，一邊換上乾爽的衣服。而秀才甲被凍得瑟瑟發

抖，卻遲遲不肯換衣服，原來他沒有多餘的衣服更換。

秀才甲很不自然地說：「我這個人喜歡冷，穿著濕衣服比較涼爽。」

秀才乙心知肚明，但沒有點破。他說：「老兄，求你幫我一件事情。我有一套衣服不太合身，你比我高出許多。這套衣服送給你，以免我留下浪費、不珍惜衣物的惡名。」

說完，秀才乙將一套不太「合身」的衣服送給了秀才甲。

放榜的日期到了，秀才甲金榜題名。秀才乙名落孫山，只好打理行囊回了家。

一年後，秀才乙正在書房中苦讀，突然有幾個衙役找到了他，請他去見知府大人。

秀才乙好生詫異，但知府有令，便匆忙前往。

原來，知府正是當年的秀才甲，知府說：「你還記得當年躲雨的事嗎？我十分感激你給我的幫助。你這個人知書達理，我想請你做我的師爺，你看如何？」

秀才乙欣喜若狂，他萬萬沒有想到，當年的一件小事竟然改變了自己的命運。

誰也不知道明天會有什麼樣的事情發生，也不知道誰會成為自己的「貴人」。說話給自己留有餘地，辦事給他人足夠的面子，就相當於為自己建構了一個和諧的人際關係

網。所以說，不要小看留面子這件事，只有你用大度的心去包容對方、尊重對方，才會得到意想不到的回報。

6.忽冷忽熱不可取

如何才能讓友情常在，並擁有更多的朋友呢？答案只有一個，那就是要掌握合理的距離和分寸，忽冷忽熱的做法不可取。

朋友很沮喪，他覺得好兄弟與他漸行漸遠。

我問他：「最近你為他做了些什麼？」

他答：「這一段時間工作太忙，沒空理他。」

我說：「那就找到癥結所在了。」

人際關係中衍生出來的友情需要用距離來調節親疏遠近，對待朋友既不能親密無間，又不可將其拒之門外，掌握合理的距離和分寸才能讓友誼長久。為了更進一步闡述人際關係中忽冷忽熱的做法不可取，我和朋友說了兩個故事，希望他能夠領悟其中的真諦。

故事一：保持恰當距離，切勿忽遠忽近

蕭然和賴絲是一對很要好的死黨。

身為人事助理的蕭然感覺賴絲一反常態，總是頻繁約自己出去吃飯，而且還時常送一些小禮物給自己。

蕭然覺得奇怪，和賴絲認識這麼多年了，從來沒看到她這樣殷勤地對待自己，最近她彷彿熱情過了頭。正當蕭然暗自思索的時候，人事經理的一番話讓她茅塞頓開。

人事經理對蕭然說：「公司要聘請一名總裁助理，一個叫賴絲的女孩順利通過了初試。她暗地裡對我說她是你的好朋友，你很瞭解她的為人。你來說一下，她是否能勝任這項工作？」

「原來是這樣，怪不得賴絲最近總是黏著自己，並且拚命地說好話，原來是另有所圖。」想到這裡，蕭然的心涼了半截，再也不願意和賴絲深入交往了。

事件分析：賴絲突然對自己如此熱情，讓蕭然有些不自然，等到瞭解事情真相後，蕭然感覺自己被朋友利用了，於是一場友情就此中斷。這就說明，真正的情感應該是發自內心的；而當你有所圖時，急速為友情增溫的做法往往會讓人感到不真誠，認為其帶有極其濃厚的功利性。

故事二：保持合理距離，為友情保溫

260

晶晶又一次接到好友相約聚會的電話，但是出於種種原因，她拒絕了對方。

晶晶最近剛剛升職，很多事情都在接洽階段，雖然與朋友關係很好，但是她寧可抽出時間多做些工作，也不願意浪費在聚會上。

半年過去了，由於晶晶屢次拒絕了和朋友相聚，那群朋友也不再繼續聯絡她了。

最近，晶晶感情上受到了挫折，她想和朋友傾訴一番。可是令她沒有想到的是，朋友們對她的態度大不如前，有幾個竟然聲稱有事不去見她。

事件分析：友誼是脆弱的，它需要時時進行呵護。想要他人長久對你好，你首先要對他人好，如果長時間不去進行溝通，會令雙方產生距離感，很難找回原來的情誼。晶晶頻頻拒絕和朋友相處的機會，由於長時間疏於照料，友誼之樹過早地凋零了。

兩個故事講完了，朋友如同醍醐灌頂般醒悟過來，他猛地一拍大腿說道：「忽冷忽熱害死人，以後我再也不會這樣對待別人了。」聽著朋友的話，我會心地笑了。

一位哲學家這樣形容友情的距離：友情如同兩隻過冬的刺蝟，離遠了冷，離近了扎，只有保持不遠不近的恰當距離才能讓彼此感到溫暖又不被傷害。我們只有學會與人保持恰當的距離，拿捏好分寸，才能做到與人和諧相處。

7.不給小人可乘之機

聰明人都知道，只有心地善良、樂於助人的朋友才會對自己有幫助，品行不良的人只會產生壞作用。因此，我們在與人交往時千萬不要掉以輕心。

桃樂絲的朋友推薦了一個年輕人到她的公司工作，出於對朋友的信任，桃樂絲非常重視培養年輕人，總是把一些機密性的工作交給他。年輕人很爭氣，不管桃樂絲交給他多麼棘手的任務，他都能夠出色完成。桃樂絲看到年輕人的表現，心裡十分歡喜，決定好好培養他。

正當桃樂絲準備重用年輕人時，年輕人的內心卻泛起了波瀾，他野心勃勃地想：「現在我掌握了這麼多公司機密，我可以將桃樂絲取而代之。」有了這個想法後，年輕人開始打起了自己的小算盤，備份了很多重要文件。出於對年輕人的信任，桃樂絲並沒有察覺到這些事情。

機會終於來了，桃樂絲因為有一筆大業務要談，需要出差一個月。她便將公司交給這個年輕人來打理。於是，年輕人開始了蓄謀已久的計畫。他找到了桃樂絲的競爭對手，

收購了桃樂絲公司的大部分股權，公司的董事會主席也變成了那個年輕人。

桃樂絲回來後，看到公司已經變成了這個模樣，一時間難以接受。但是她很快就冷靜下來，不動聲色地開始了挽回公司的戰鬥。表面上，桃樂絲依然對年輕人推崇有加，如同有默契的合作夥伴。私下卻暗渡陳倉，透過各種關係一點一點地收回自己的股份。

經過一連串的努力，公司的大權又重新回到了她的手裡。

經過這件事，桃樂絲終於明白了一個道理，那就是不要輕易相信任何一個人，也不要給小人可乘之機。當然，桃樂絲更聰明的是，當她發現自己重用了一個小人之後，沒有把對方揪出來理論或者打官司，而是虛與委蛇，表面上依然非常友好，讓對方放鬆警惕，然後自己才有機會挽回敗局。人們常說，最可怕的敵人就是你身邊的人。因此，在與人交往時，一定要注意保護好自己。

小時候，我聽過這樣一則寓言故事：

小馬在森林裡匆忙地走著，眼看天就要黑了，牠一定得在天黑之前回到家。為了節省時間，小馬選擇了一條平日裡沒有走過的小路。

這時，路邊跑出一隻小狗，牠說：「看得出，你對這條道路並不是很熟悉。這樣吧，

我們結伴而行，我給你帶路。

有了小狗的帶路，小馬的速度快多了。當小馬看到小狗氣喘吁吁的樣子時，覺得很過意不去，便說：「你跳到我的背上，我背你一程。」

小狗推辭了一下，便跳到馬背上。走著走著，小馬發現自己陷入了沼澤之中，只見小狗縱身一躍，跳過了沼澤。

小狗回過身對小馬說：「謝謝你，這就是我為你帶路的原因。」

被欺騙的小馬孤零零地困在沼澤中，痛苦地掙扎著。

現實生活中，也存在小狗和小馬這樣的人。「給人方便，自己方便」這句話雖然很有道理，但並不代表對每個人都適用。有些時候，當你毫無保留，真心對人時，正好給對方可乘之機，最後吃虧的只有自己。

那麼，如何才能做到不給小人留下可乘之機呢？

①嚴防死守，防微杜漸。

如果小人得逞，那麼有極大的原因是因為你做得不夠完善，給了對方可乘之機。如

果將事情考慮得面面俱到，鑄成一個個堅固的「堡壘」，小人無論如何也不能將其攻破。

②明辨是非，做到心中有數。

小人就是小人，不論從品格還是個人素養中都會流露出一些端倪。在這些蛛絲馬跡中早些發現其不良動機，就能夠早一點進行防範。

③不要過分信任某一個人。

去購買雞蛋，按照常識我們不會將大量的雞蛋都放在一個籃子中，以免不小心打破整籃雞蛋。將雞蛋合理分放在不同位置，即使打破一個影響也不會很大。為人處世的道理也是一樣，不要將全部的信任都給予同一個人，若是此人居心不良，那麼一籃子雞蛋就會全部打破，這個損失將會是難以彌補的。

俗話說「人心隔肚皮」，誰都無法完全瞭解一個人。所以，與人交往時一定要留個心眼，並採取必要的防衛手段，讓小人無法加害自己，正所謂「小心駛得萬年船」。

8. 學會跟看不慣的人溝通

社交場合中會遇到各式各樣的人，其中一定有你看不慣的人。遇到這種情況，躲避不是上策，學會和這種人溝通才是最好的解決方法。

人與人之間如果能夠敞開心扉，暢所欲言，的確是一種精神上的享受，可是事情不會這樣盡如人意。以我為例，在應邀出席的一個舞會上，我碰到了很多讓我看不慣的人。

最初，我的心情有些低迷，但是經過調整，我試著和這些人進行溝通，竟然有了一些意外的收穫。

現在，我把這些小經驗總結出來，希望與讀者共勉。

①遇到打探隱私的人，要答非所問。

「夫妻感情好嗎？」「收入很多嗎？」這類話題讓我實在不想回答，因為每個人都有自己的隱私，誰也不願意讓內心深處的這塊專屬領地遭到侵犯。遇到這種情況，無論你是如坐針氈還是惱羞成怒，都不是好的辦法。

266

其實，對於喜歡打探隱私的人，最好的方法就是模稜兩可的回答他。「夫妻感情好嗎？」，你可以回答：「托您的福」；「收入很多嗎？」，你就說「和其他人一樣」。總之，面對別人的問話不回答顯得不禮貌，而答非所問是與這種人最佳的溝通方式。這樣一來既不會得罪對方，又能保護自己。

某一次宴會上，孫娜遇到了一個自己很討厭的人，宴會才開始，對方就纏著孫娜喋喋不休地問個沒完：「妳怎麼進入這家公司的啊？」、「公司福利如何？」、「妳老公在哪裡工作？」……孫娜雖然很不喜歡對方，但是她依然保持著禮節性的微笑，並且含糊其辭地回答問題。慢慢地，對方覺得在孫娜這裡得不到自己想要的確切答案，就將目光投向了其他人。如果你能夠恰到好處地運用這種辦法，自然也可以「擊退」這些喜愛窺探他人隱私的「八卦者」。

②對道人是非者，要小心謹慎。

「來說是非者，便是是非人」，喜歡談論別人是非的人，既然在你面前說他人的壞話，自然也會在他人面前說你的壞話。對於這種人，要謹慎對待。當你不去談他所談論
話，自然也會在他人面前說你的壞話。對於這種人，要謹慎對待。當你不去談他所談論

的話題時，他就會有所感覺，認為這個話題無法交流下去，從而中止談話，或者談論其他的話題。

蘇薩雯是社區裡有名的「長舌婦」，只要一有時間她就會對左鄰右舍的家事說三道四。

「你知道嗎？五樓那小倆口正鬧離婚呢！」、「隔壁棟的那個小孫子可調皮了，據說都是他奶奶溺愛的」……蘇薩雯總是熱衷於此。

有一天，蘇薩雯碰到了正在樓下健身的茉莉，又開始準備對別人品頭論足。茉莉不想在別人背後隨便議論他人，於是話鋒一轉，改變了話題。蘇薩雯發現茉莉不是很想和她討論別人，也就灰頭土臉地溜走了。

也許你的周圍就有蘇薩雯這種喜好搬弄是非的人，如果你用冷冰冰的態度直接拒絕對方，那麼對方就會氣急敗壞地四處說你的壞話；而違心地應和幾句，則會給這些「長舌婦」可乘之機，認為自己與你氣味相投。所以說，這些做法都不可取。只有學會謹慎地對待，讓對方知難而退才是明智之舉。

268

③對陽奉陰違者，要拿捏好溝通分寸。

有這樣一種人，表面上對你熱情無比，積極主動地跑前跑後幫你處理問題，可是轉臉就會向其他人數落你的缺點與不足。這種當面一套背後一套的人，我們姑且把他定義成陽奉陰違型。怎樣與這種人溝通呢？最有效的方法就是拿捏好分寸，以免掉進這種人挖好的陷阱。如果他對你熱情，那麼你就用熱情作回應；如果他對你冷淡，你也對他冷淡。與這種人溝通，一定要掌握分寸，做到守口如瓶，避免單獨相處。

「熙熙，我剛才還在和別人誇妳呢，妳是個既漂亮又聰明的女孩，肯定前途無量。」

同事琳琳裝模作樣地對熙熙說道。

熙熙知道琳琳屬於陽奉陰違的人，現在當面說妳好，也許轉過身就會對妳使壞。看到琳琳「熱情」的模樣，熙熙說：「哪裡啊，琳琳姐，妳過獎了，和妳比我差得實在是太遠了。哦，對了，總經理剛才叫我處理一些文件，我先過去一下。」於是，熙熙找藉口「溜之大吉」。

如果找不到合理的方式與陽奉陰違的人相處會感覺很累。所以，對於這種人還是拿捏好交往分寸，相忘於江湖吧。

有時有些人的行為或者舉動令你看不慣，但你最好不要直接迴避，這樣會直接刺激到對方。最好的方法就是學會不同的溝通技巧，見什麼樣的人說什麼樣的話。

9.放下成見才能消除敵意

如果你帶著成見與人相處，對方一定會敵意十足。相反地，放下成見，換個角度看問題，才會與人和諧相處。

成見是一種主觀的意念。在交往的過程中，如果我們僅憑主觀感覺去與人相處，往往會得到很不理想的結果。事實上，如果換個角度看世界，換種方法去做事，換個心態去交往，情況就會大不相同了。有一本書是這樣描述心態轉變的：「同樣是夕陽西下的場景，那些帶著悲涼心態的觀賞者，眼前看到的不過是日薄西山，心中則會聯想起英雄末路的淒慘遭遇；而那些懷有博大胸襟的人去欣賞，腦海裡會浮現『莫道桑榆晚，為霞尚滿天』的場景。」試問自己，面對一些不願見到或者略帶反感的人，你是戴著有色眼鏡去與之交往，還是坦然放下成見，消除雙方敵意友善相處呢？相信大家都願意成為後者。雖然這樣做或許有些難度，但是在看過米奇的轉變後，相信你也會做到。

米奇在一家公司做文案企劃，他性格沉穩，一直以來和同事們相處得都很好。可是不知道從何時起，他隱約感覺到同部門的安邦對自己有些意見。比方說，早上進門的時

候，他明明和安邦打了招呼，可是安邦卻視而不見；大家一起討論案的時候，安邦總是和自己作對……米奇越這麼想，就越覺得安邦最近有些反常。

有一天，安邦向他請教一個問題，米奇想起安邦的種種不是，便一口回絕了。從那以後，米奇和安邦兩個人敵意十足，這讓辦公室裡充斥著濃濃的火藥味。

同事發現了米奇和安邦之間的摩擦，就對米奇說：「先不管這件事情誰對誰錯，但是我敢保證，如果你放下成見，安邦一定會與你和好如初。」

第二天，米奇聽取了同事的建議，他大大方方地向安邦說了聲「早安」。只見安邦對於米奇的轉變感到吃驚，停頓了好幾秒鐘之後才笑著起身與米奇打招呼。

米奇終於發現，摘掉有色眼鏡，放下成見，竟然可以融化人際關係的堅冰，獲得滿滿的友情和暖暖的感受。他暗自告訴自己，無論何時、何地，面對何人，都要將成見遠遠拋掉。只有這樣，才能得到真摯的情誼。

心懷成見的人很容易與人產生矛盾和摩擦，如果內心被厭惡乃至仇恨填得滿滿的，自然沒有空間去盛放友善與和諧。所以，每當這個時候，就要提醒自己，試著說「不要帶著有色眼鏡看人」、「他也很不錯哦」、「他的優點很多，值得我去學習」，這樣一

272

來，成見自然會減少甚至消失。當你心中沒有了成見，對待別人的態度自然會有所改變。

對方看到你的轉變後，也會隨之消除敵意，用彼此都能夠接受的態度和方式展開交流。

這樣一來，你的人際交往就進入到一個良性循環的過程。

爬過山的人都知道，在山頂上站得高，望得遠，不僅可以將景色盡收眼底，眼界也會跟著變寬。所以要學著做一個聰穎的交際高手，用高瞻遠矚的目光審視未來，思考對方能夠帶來有益的一面，將不利因素化為前進的動力。當你放下成見與對方和平相處時，便可以立於不敗之地。

10. 上司也可以「聽」你的話

場現象：在你向上司表明自己的觀點時，說服的效果總是和上司對自己的信任度成正比。一言蔽之，只要你能夠掌握說服上司的訣竅，上司自然而然會聽從你的建議。

身處職場的你會經常和上司打交道，接觸的時間久了，我們就會發現一個奇特的職

鄰家妹妹艾米興高采烈地來到我家，剛進門就興奮地說著：「這次我又把老闆成功搞定！」

我詫異地望著她，心想：「這個小丫頭什麼時候有了這麼大的本事？」

艾米看出我的不解，故作神秘地說：「我自有搞定他們的絕招。」

「幾天不見本事見長啦，快說出來讓哥哥聽聽。」我調侃道。

「你要聽清楚哦！」艾米一本正經地說道。

以下就是她所傳授的招數，據說可以搞定任何難纏的上司：

招數一：放低姿態，適可而止。

談及這個招數，艾米是透過無數「血淚史」才總結出來的。

一開始，上司作出指示，艾米只要有不同意見就會口無遮攔地說出來：「老闆，這個方案不夠實際，應該採用另一個方案。因為……」

起初，老闆會滿臉讚許地說：「妳的想法很好，可以考慮採納。」

可是久而久之，老闆對艾米的「意見」十分厭煩，心想：「我是老闆，走過的橋比妳走過的路還多，難道還不如妳嗎？」漸漸地，艾米發現「硬碰硬」的招數十分愚蠢，根本行不通。

經過歸納後，聰明的艾米改變了策略。她開始認真聽取上司的意見，並結合這些觀點謙遜地說出自己的見解：「老闆，這只是我個人的拙見，希望您能指點一下。」，諸如此類的話一說出，上司在心情愉悅之餘，也會默默地在心底誇獎道：「真是個好學的可造之材。」這樣一來，上司不但「聽」了你的話，而且會留下良好的印象，此時的你就剩下偷笑了。

英國小說家、劇作家毛姆在他的《人性的枷鎖》一書中所說的：「身居高位之人，即使請你批評指正，他真正要的，其實還是讚美。」如今的職場多數會以「上命下服」

為美德，在這個大環境下如何運用技巧有效地展示自我，就需要不斷地修練。如果你能像艾米一樣找到放低姿態、悉心傾聽上司意見的要訣，相信很多事情都會迎刃而解。

放低姿態，並不是讓你對任何事情都保持沉默，而是學會把自己的建議恰到好處地傳遞給上司。千萬不要固執己見，強硬堅持自己的看法，這樣一來只會讓上下級關係僵化，人際關係因此而受損。

招數二：站在上司的立場考慮問題。

艾米的老闆在專業領域內頗有建樹，可是對於管理卻不是很在行。管理的層級體系在老闆的帶領下搞得亂七八糟，同事們敢怒不敢言。

直爽的艾米認為，為了公司，自己必須要挺身而出。她對老闆說：「所謂的領導權威包含著技術和管理兩方面。您的技術權威堅不可摧，但是管理權威稍稍有些薄弱，您是不是應該多著重這方面一些呢？」老闆聽了，若有所思地點了點頭。

一樣的意思，艾米站在上司的立場進行思考，既維護了老闆的面子，又達到了勸說的目的，實屬一舉兩得。

招數三：摸透上司的脾氣。

艾米的老闆是個急性子，點火就著，員工都在背後戲稱他為「火藥桶」。

基於老闆的性格，員工們都對他十分敬畏，生怕有哪句不順耳的話「引爆」老闆心中的「定時炸彈」。聰明的艾米卻有著過人的「馭人」招數，竟能讓老闆「乖乖」地聽她的話。這究竟是怎麼回事呢？

原來，艾米早就摸清了老闆的脾氣，他雖然性格火爆，但是「不記仇」，通常發過脾氣轉眼就忘了。如果艾米有什麼意見要提出，她就先讓老闆發火，發洩之後，老闆自然就會安安靜靜地聽艾米提出自己的觀點。

有一次，艾米向老闆彙報外地分公司的業績，並準備向老闆提出一套改革方案。還沒等艾米彙報完，老闆就已經面色鐵青了。果然，老闆很快就大發雷霆，下屬們一個個面面相覷，小心翼翼地繼續工作著。

艾米的神情依舊那麼自然，她耐心等老闆發完火，說：「老闆，既然這個方案不理想，倒不如換一套方案試試看。」

「哦？有什麼好方案，說來聽聽。」發過火的老闆冷靜了下來。

就這樣，在艾米的分析下，老闆欣然採納了她所提供的方案。

艾米無疑是聰明的，當其他員工由於害怕老闆發火而不敢提任何建議時，艾米卻摸清了上司的底細。「知己知彼，方能百戰百勝」，既然瞭解了老闆的性格，艾米就能將中肯的建議提供給他。

學會用上司能接受的語言來提出建議，效果會非常好。這種溫和的策略可以充分照顧上司的面子和尊嚴，容易被上司接受。在這個基礎上，有的放矢地與其溝通，就會讓上司「聽」你的指揮。

11. 讓不配合的同事積極配合

遇到不合作的同事實在是讓人頭疼，只有想辦法控制住對方的心，他才會積極地配合你的工作。

「最近的工作糟糕透了，討厭死那個同事」，妹妹阿華皺著眉頭向我抱怨道，「要他配合點工作，推三阻四就是不做，我都快被氣死了。」小妮子一邊抱怨，一邊往嘴裡大口塞著洋芋片，頗有點「化悲憤為食欲」的氣概。

辦公室中的你是否也會因為遇到不配合的同事而感到心煩意亂呢？下面這些「勁爆」的策略可以讓對方立刻行動起來，希望讀者和阿華可以作為參考。

① 做事要果斷，不給對方找尋藉口的機會。

心理學家們認為，當一個人在做抉擇的時候往往會因為害怕承擔選擇失誤的後果，而遲遲不敢有所行動。因此，要想使對方盡快行動起來，你要做的第一件事就是將其選擇的範圍縮到最小。

卓恩的同事約翰認為自己是公司的元老，工作起來總是偷懶取巧。

有一次，卓恩與約翰共同完成一項工作，她早就對這名同事的工作作風有所耳聞，於是決定先下手為強。

卓恩加班完成了自己的工作，然後對約翰說：「我的那部分工作已經完成了，剩下的都是你需要做的。麻煩你做完了直接交給經理吧，再見，我先走了。」

卓恩的一番話切斷了約翰找藉口推辭工作的機會，他只能乖乖「就範」。

②設定最後期限。

面對不配合的員工，最好是給對方一個清楚明確的最後期限，讓他清楚地知道立刻行動的必要性和緊迫性，進而迫使他不得不行動起來，因為再晚的話他可能就沒有成功的機會了。

「張編輯，明天就要交稿了，希望你到時候把稿件如期交給我。不然的話，老闆知道了肯定不會讓你我好過，弄不好這個月的獎金就都沒了。」劉偉仁對做事拖拉的同事「善意」的提醒。

經過劉偉仁這麼一說，張編輯也覺得時間緊迫，不得不抓緊時間完成手中的工作。

③對不配合的同事明確表達期望

心理學是這樣解釋「期望法則」的：他人的期望對人的行為具有很大的影響，人往往會按照他人的期望行事。如果你希望對方立刻行動起來，就應該向對方傳遞你的期望。

一般來說，表達期望的方式只有兩種，第一種是語言，第二種是行為。除了用語言直截了當地告訴對方你的期望外，還可以用言行一致的行動加以配合，會產生更明顯的效果。如果你的一言一行都在傳遞著你對他的「信心」與「期望」，那麼對方配合照做的可能性就會很大。

④牢牢把握住「進門檻效應」、「迫使」同事積極配合。

心理學家指出：「人類具有行為一致性的強烈要求。也就是說，如果對於一些簡單的、力所能及的行動，對方答應了你的要求，並立刻著手去做；那麼對後面那些困難的、

需要做出努力的行動，對方也多半會著手去做。」同事不配合，也許是因為複雜的工作讓他畏懼。如果是這樣，不妨從簡單的工作入手。當他對簡單的工作產生了興趣之後，就會順著你指定的方向「運行」下去。

12.搞定不聽話的下屬

一個管理者的領導力大小，來自多個方面，是多種因素綜合作用的結果。其中，自身的素養將發揮決定性的作用。

很多身處高層的朋友總是在抱怨：「現在的團隊太難帶，不聽話的下屬總會不斷地惹事。」我先不過多評判這樣的下屬做得是否正確，只想說：「具備搞定一切人和事的能力是一個管理者的基本功，讓不聽話的下屬服服貼貼地工作也不例外。」

作為一名管理者，只有從小事做起，對員工體貼入微，才能真正贏得他們的心。

比如，你的一名下屬因病請假，康復後身為主管的你不聞不問，還將大量的工作分配給他。即使原本順從的員工心裡也會很不舒服，慢慢地就會成為一個「問題員工」。

再比如，你的下屬家中遇到了事情，如果你能主動幫下屬安排好請假事宜，並且真心給予幫助，對方自然會更加賣力地工作。

以上兩個例子雖然出自小事情，其結果卻形成了鮮明的對比。

張雄曾一度成為眾人口中的「冷血上司」，他帶的團隊總會有些狀況出現。

一個下屬找到了情投意合的另一半，準備走進婚姻的殿堂。可是，公司臨時分配下來很多任務，張雄就對下屬說：「你最好將婚期延後，不然工作就無法按時完成。」下屬聽了，認為張雄不近人情，本來可以商量的事情變成了命令口吻，心中大為不悅。

最後，這名員工竟然連招呼都沒和張雄打，就私自跑去外地度蜜月了。員工的突然失蹤，打了張雄一個措手不及。

如果張雄換個方法，情況就會大不相同。

他可以對員工說：「我知道你馬上就要結婚了，身為上司的我應該為你安排婚假事宜。可是總公司突然下達命令，要我們盡快完成這些工作。我想徵求一下你的意見，如果你的婚期有延後的可能，我希望你能留在團隊，幫助大家度過難關。等這些工作完成後，我會主動為你申請延長婚假。」

不管下屬是否同意，上司的話總會讓人感到舒坦，不會產生強烈的反抗心理。

在細微之處表現出對下屬的關心是上下級溝通感情的有效方式。只有讓下屬感覺到你的溫情，才會從心裡尊重你、愛戴你。其實，搞定不聽話的下屬並不難，管理者多花費點心思在下屬身上，讓他體會到自己的重要性，上級與下屬的關係必然會變得融洽。

13.面對客戶，無往不「利」

客戶是企業發展的一個關鍵因素，有了穩定的客源，企業才能大步前進。而如何搞定客戶，已經成為了現代公司裡談論最多的話題。

搞定客戶是一門學問，也是一門藝術。只有搞得定客戶的人才算是一名合格的員工，進而為自己、為企業創造出更大的利潤。如果將自己比作演員，沒有客戶這個觀眾的欣賞，無論你演得如何起勁也是白費力氣。

如果你想順利地搞定客戶，讓大筆金錢源源不斷流入公司和自己的荷包，那麼讓我來教你幾招：

第一招：過人的業務素養能贏得客戶的信任。

與客戶接觸，最重要的是自身素養和業務水準。試想一下，如果客戶詢問業務的相關問題，你卻一問三不知，客戶當然會對你和你的公司產生質疑。

楊文峰是傢俱廠的業務員，才剛剛進入這個行業。他自恃才高聰明，從來不把基本

的業務訓練放在眼裡，每每公司舉辦培訓，他都會想辦法蒙混過關。

有一天，公司派楊文峰獨自外出談一筆生意。剛一見面，客戶就詢問公司的生產流程、傢俱選材、產品類型等專業知識。

略懂皮毛的楊文峰最後被問得張口結舌，這筆生意自然也泡湯了。

專業水準要靠自身的學習和累積，只有自己熟練地掌握產品、公司、行業相關的知識才能夠加以運用，讓客戶覺得你很專業。這樣，客戶才能對你產生信任感，進而對你的公司產生信任感。

第二招：用利益來打動客戶。

用專業水準博得客戶的信任，只是銷售的初級階段。客戶相信了公司，相信了產品，相信了你，只能證明他有初步合作的意思，並不一定會簽約。因為客戶最關注的還是利益問題。這個時候，你要做的就是「投其所好」，用科學的分析和精確的數字來告訴客戶他的收益。當客戶認為有利可圖之後，才會進一步思考下面的合作。

我接觸過一個有名的推銷員，每當有人詢問他是如何搞定客戶的時候，他只說了這

樣一句話：「通常我見到客戶第一面，就會告訴他，我是來為他推薦財路的。」如此精彩的開場白已經將客戶的心牢牢吸引，下面的推銷自然可以順利進行。

雙方合作，利字當頭。大家所圍繞的一切工作都是為了獲得最大限度的利潤，如果你能率先「拋出」利益這個話題，自然能吸引對方的目光。

第三招：用真誠的態度打動客戶。

談生意的時候，要始終保持積極樂觀的態度。遇到客戶的拒絕，你應該這樣想：「他拒絕了產品，並不表示拒絕了我這個朋友。」

陳瑞偉和客戶約好了見面的時間和地點，但是那天他所在的城市遭遇到罕見的暴風雪。剎那間，鵝毛般的大雪將整個世界染得白茫茫一片。由於暴風雪的襲擊，整個城市的交通處於癱瘓狀態。

陳瑞偉心想：「不管什麼困難，我都不能爽約。」於是他選擇了步行前往。他走的每一步都異常艱難，平日裡半個小時的車程他走了整整五個小時。

當陳瑞偉按時赴約後，客戶感動極了，他認為面前這個小夥子是值得信任的。

接下來的談判中，陳瑞偉絲毫沒有顧及凍僵的手腳，依然與客戶談笑風生。客戶被陳瑞偉積極、樂觀、上進的態度所感染，爽快地簽約合作。

陳瑞偉是一名敬業的員工，也是一個懂得如何搞定客戶的人。當他用真誠打動客戶的那一刻，就表明了客戶的心已經無條件「投降」，接下來自然會痛快地答應合作。

以上三招是搞定客戶獲得利潤的小秘訣，如果你想成為「世界上最偉大的推銷員」，不妨按照這些招數去實踐一下，我在這裡祝福讀者朋友能夠早日成功。

第六章

能用人：用人不疑，
疑人不用

「用人不疑，疑人不用。」短短八個字，如同為人處世的箴言，無時無刻不在告訴管理者，對沒把握、不太放心或認為存在某些問題的人，不能任用；對感覺不錯的、認為可用之人，就放心使用、大膽使用、信任使用。

1. 沒有誰可以把世界顛倒過來

在這個社會上，誰都需要別人的幫助。因為一個人的力量畢竟有限，只有將自己投身於大環境之中，才能在別人的幫助和扶持下取得進步，使自己成長。

中國有句話說得好：「一個籬笆三個樁，一個好漢三個幫」，以我自己為例，不管是生活中還是工作上，很多事情都需要別人的幫助與扶持才能完成。因為個人的知識和能力是有限的，依靠和利用大家的智慧與經驗共同做事才是明智的選擇。如果自身能力有限，又不願意依靠別人的力量，其結果可想而知。

我之所以要這麼說，是因為我見到了太多這樣的例子，有些人懂得合作共贏，於是他成功了；有些人則選擇單槍匹馬，結果一直在做無法完成的事情，白白浪費著時間和精力。

王力剛是一個生性多疑的人，在與別人合作的過程中，他總是擔心自己的功勞會被別人搶走。漸漸地，沒有人願意和他合作，他自己也選擇了單打獨鬥。

單獨工作的王力剛如同一棵菟絲子，失去了大樹的扶持，顯得那樣的弱小、可憐，

但是他咬著牙堅持著，認為自己比別人多付出，就會有好的收穫。

事態並沒有朝著王力剛預測的方向發展，一連幾個月的加班、熬夜，他的身體健康狀態急速走下坡，體力嚴重透支的他，終於支撐不住倒下了。

躺在病榻上的王力剛後悔不已，他終於明白了這樣一個道理：「有些事情，單憑自己的能力是遠遠不夠的。」

康復出院後的王力剛一反常態，開始誠懇待人，並且謙遜地與人合作。不出半年，王力剛的工作業績快速提升，他也在業界小有名氣。

可見，自私、懷疑的性格，在與人合作中沒有半點好處。如果在過程中只考慮到自己，只會讓事情朝反方向發展。只有多關注別人，多關注團隊，事情才能順利完成。

為了讓自己用最快的時間到達成功的頂峰，我們該注意些什麼呢？

① 與人建立真正的合作關係。

有時候，人必須在一起做事情，之後產生合作關係。真正的合作是建立在真心、誠懇的基礎上。只有合作動機單純、坦誠的人，才會受到其他人的尊重。

②在合作中學會處理人際關係。

當你工作或者生活在一個團體中時，一定要注意到這個團體中的人都在各司其職，各展其才，並且形成一種相互依存的關係。

③放棄小我，摒棄自私的觀念。

在與人合作中，如果你處處只為自己著想，那麼其他人就會評價你「太自私」。試想一下，給人留下「太自私」稱謂的人，是沒有人願意與他打交道的。說白了，你會很難得到別人的支持和幫助。作為對等的交換條件，你不幫助別人，別人也不會幫助你。

沒有人是全能王，所以不可避免地都需要與人合作、獲得他人的幫助，這是一種基本的生存本能。如果你背離了，就會被社會無情的拋棄；如果你懂得「一個好漢三個幫」的道理，那麼就可以為自己營造一個良好的生存環境。

292

2. 要有容人之量

寬容不僅能夠展現自己的豁達，有時還能因為自己的寬容而獲得他人真誠的回報。

老子曰：「自見者，不明；自是者，不彰；自伐者，無功；自矜者，不長。」意思是，經常自我表現反而名聲大不起來，經常自我誇耀反而沒有功勞，自以為自高自大反而不能被認可並獲得尊重。不知你是否留意，現實中有兩種類型的上司存在，一種是用人不疑，有容人之量；另一種是疑神疑鬼，斤斤計較，鼠肚雞腸。據我所瞭解，前者的事業通常蒸蒸日上，而後者則在嫉妒和多疑中葬送自己或企業的前程。

也許你認為我說的有些誇張，但是事實就是如此。法國作家雨果曾經這樣感嘆：「世界上最寬廣的是海洋，比海洋更寬廣的是天空，而比天空更寬廣的是人的胸懷。」

包容是一種智慧，一種氣質，一種性格，只有懂得包容的人，才會在生活和工作中開拓出一片廣闊的天地任自己自由馳騁。

林西成是張總一手提拔起來的，從剛進公司時的小職員，一直做到總裁助理，因為

有了張總的扶持，他才會走得平步青雲。

有人問林西成：「你和張總是不是有什麼私人關係，不然他怎麼會那麼器重你？」

林西成聽到這話，笑著說：「我和張總之間並沒有什麼特別的關係，擁有的只不過是信任與包容。」

的確，張總非常信任林西成，也很包容他。

有一次，林西成由於判斷失誤犯了一個很嚴重的錯誤，董事會開會決定將其開除。

張總在會上對大家說：「中國有句老話，叫做『金無足赤人無完人』。年輕人難免會有犯錯的時候，小林是做錯了，但是他已經認識到錯誤，並且很努力的補救。平心而論，這個年輕人很有能力，也有成長的空間。如果現在我們將他『一棒子打死』，那麼這個年輕人以後的前途就會很渺茫。」經過張總的爭取，董事會最後收回將林西成開除的決議。

這件事被林西成知道後，他既感激張總，又佩服他能容人的大度。林西成在心底暗暗想：「張總就是我的榜樣，從今以後我一定要學習他的氣度和胸懷。」

俗話說，宰相肚裡能撐船。作為領導者，很重要的一點就是要有容人的雅量，不然

的話身邊的人都會遠離你，沒有人幫助你一起做好事業。

春秋時期齊國國君齊襄公被殺。襄公有兩個兄弟，一個叫公子糾，當時在魯國；一個叫公子小白，當時在莒國。兩個人身邊都有個師父，公子糾的師父叫管仲，公子小白的師父叫鮑叔牙。兩個公子聽到齊襄公被殺的消息，都急著要回齊國爭奪君位。

在公子小白回齊國的路上，管仲早就派好人馬攔截他。管仲拈弓搭箭，對準小白射去。只見小白大叫一聲，倒在車裡。

管仲以為小白已經死了，就不慌不忙護送公子糾回到齊國去。怎知公子小白是詐死，等到公子糾和管仲進入齊國國境，小白和鮑叔牙早已抄小道搶先回到了國都臨淄，小白當上了齊國國君，即齊桓公。

齊桓公即位以後，即下令要殺公子糾，並把管仲押到齊國治罪。管仲被關在囚車裡送到齊國，鮑叔牙立即向齊桓公推薦管仲。

齊桓公氣憤地說：「管仲拿箭射我，要我的命，我還能用他嗎？」

鮑叔牙說：「當時他是公子糾的人，他用箭射您，正是他對公子糾的忠心。論本領，他比我強得多。主公如果要做一番大事業，管仲可是個用得著的人。」

齊桓公也是個豁達大度的人，聽了鮑叔牙的話，不但不辦管仲的罪，還立刻任命他為相，讓他管理國政。

英國有句諺語：「世上沒有不長雜草的花園。」面對他人的過錯耿耿於懷，睚眥必報，帶來的是心靈的負擔和精神上的傷害。在職場上，高明的領導者會選擇用包容和坦然去和對方相處，而不是用「一個都不寬恕」的偏執態度扼殺友情和信任。

3.為自己找個好幫手

決定企業未來發展的走向有兩個要素：第一是企業的實力和發展的能力；第二則是人才。人才是當今最重要的資源，如何發掘並把握住人才資源是每一個領導者值得深思的地方。

對一個管理者而言，他們最想擁有的就是綜合素養較高的人才。我接觸過很多管理者，他們不是苦於沒有人才引進，就是抱怨挽留不住人才。

基於這種狀況，有些管理者很願意和我探討一番。有一位管理者的經歷讓我記憶猶新，我也願意以此為例來和其他人說明有關「伯樂」和「千里馬」二者之間的關係。

這位管理者是一家企業的董事長，他想培養一個頭腦敏捷，業務知識過人的年輕人當他的助理。畢竟這是一個重大的決定，所以董事長想好好考察一番，待時機成熟再將其提拔。

除了日常工作的觀察外，每天中午董事長都會邀請年輕人一同共進午餐。

有一天中午，董事長點了兩碗麵當做午餐。董事長對年輕人說：「這裡有兩碗麵，

我們各取一碗，你先挑吧！」年輕人看看了兩碗麵，其中一碗麵上有一個荷包蛋，他毫不猶豫地取走了這碗麵。吃著吃著，年輕人發現董事長碗中藏著兩個荷包蛋，他的心裡像打翻了五味醬，很不是滋味。

第二天中午，服務員又端上了兩碗麵。上司繼續讓年輕人先挑，年輕人看見一個碗裡放著兩個荷包蛋，另一個碗裡沒有荷包蛋。他暗想：「昨天我吃虧了，沒有荷包蛋的麵條裡肯定藏著更多好吃的。」於是，年輕人選擇了這碗麵。吃到最後，他發現碗底竟然只藏著一個荷包蛋，心裡很不舒服。

第三天午飯時間到了，餐廳送來兩碗一模一樣的麵，上面和裡面各放一個荷包蛋。年輕人學乖了，讓董事長先挑。

董事長趁機教育他說：「這三天的麵不僅是我們的午餐，而且是考察你的題目。你各方面能力都很強，可是在午餐這個考題中你的分數卻不及格。貪婪是人的本性，但一個管理者心中藏著貪欲，這個企業就會走向滅亡之路。」

如何為自己找一個好幫手是很多「伯樂」為之頭疼的問題，如果你想擁有一匹「千里馬」，首先就要練就自己的一雙慧眼。比如我所講的那位董事長，他從荷包蛋的細節

中觀察出小夥子最真實的一面，真可謂是獨具慧眼。

尋找得力助手是管理者所要思考的問題，那麼該如何解決呢？

①想要找到得力的助手，要從綜合能力中選拔人才。

為了選拔合適的助理，孫總決定親自出馬，挑選適合自己的員工。

員工A思維敏捷，但是性格比較急躁，孫總搖了搖頭。

員工B文學底子較強，但是做事比較拖拉，孫總搖了搖頭。

員工C雖然沒有某個強項，但是不管做什麼工作都有模有樣。孫總眼睛一亮，立刻決定讓員工C當自己的助理。

②從細微之處考察對方。

從細微之處考察人是管理者明智的選擇，要知道種種的細節才是對方最真實的流露。

張經理有意提拔王思敏做秘書，但是任命書簽署之前，他決定好好對其考察一番。

張經理看到，每天下班王思敏都是最後一個離開辦公室，因為她要把辦公室打掃乾淨後才回家。

透過這個細節，張經理覺得王思敏的責任感非常強，懂得將公司當做家。於是，張經理立刻簽署了給王思敏升職加薪的任命書。

培養一名得力助手並非難事，只要你懂得考察人才不能單純看外在形式，應該多關注其內在本質。老子曾說：「天下難事，必做於易；天下大事，必做於細」，選人、用人時也應該注意從細節入手。只有連細微之處都做得完美、得體的人，才會是能夠成就大事的人。

4. 任人唯賢不唯親

諸葛亮曾說過：「國之有輔，如屋之有柱，柱不可細，輔不可弱，柱細則害，輔弱則傾。」雖然他講的是治軍、治國之道，但是從中我們不難體會出，管理人才也需要有任人唯賢不唯親的態度。

一直以來，我都很喜歡諸葛亮的謀略，更欣賞他的用人之道。我個人認為，在管理人才這方面也可以採納諸葛亮的觀點。作為一家企業的管理者或領導者，只有光明磊落，胸襟坦白，不任人唯親，才能夠帶領團隊走向成功。

美玲和欣然同時來到一家公司應徵，兩個女孩能力不相上下，顯然成為了競爭對象。美玲心裡七上八下，不知道面試官會從哪一方面考慮，也不知道自己是否能被公司留用。與美玲相比，欣然卻冷靜多了。因為欣然知道，自己的表哥是這家公司的高階主管，只要表哥打個招呼，自己就會被錄用。

面試時間到了，面試官照例詢問了幾個問題，之後告知兩個女孩回家等通知。美玲覺得等通知的日子簡直就是在煎熬，欣然則認為自己百分之百會成為那家公司的員工，

竟然背起行囊跑出去旅遊了。

錄用通知到了，美玲榜上有名，而欣然卻被公司委婉拒絕了。

「這到底是怎麼回事？」欣然怒氣衝衝地找到表哥，沒頭沒腦地問道。

表哥笑咪咪地看著表妹，說：「沒關係，妳還年輕，機會有的是。」

欣然突然覺得很委屈，紅著眼眶說：「我一點也不比美玲差，你為什麼不幫我？」

表哥頓時嚴肅了起來，對欣然說：「面試官捨妳留她自然有公司的道理，相比而言，美玲更加適合這個職位。我身為公司的主管，不能因為妳和我有親戚關係就做出違反公司制度的事情。」

聽完表哥的話，欣然啞口無言。

一個人的胸懷有多大，事業才有可能做多大。作為一名領導者，能以寬廣的胸襟去管理企業，不謀私利，不爭權力，個人非但不會失去什麼，反而更能獲得員工的歡迎和支持。

那麼，管理階層該如何做到任人唯賢不唯親呢？

經驗證明，管理階層在管理的問題上，只有公開公正，嚴格按照規則去做，將「人

302

治」轉變為「法治」，才能確保企業在人才選用方面做到不徇私情、不謀私利。

選用好的職員，是關係到企業長遠利益的大問題。選用人員，關鍵在於要識別人才，

堅持德才兼備的用人標準。正是因為管理階層的任人為賢不唯親，才能讓一大批年輕人

才脫穎而出，成為公司建設的中堅力量。

5. 用人所長是上策

「用人所長，天下無不用之人；用人所短，天下無可用之人。」在企業發展中，管理者應該有廣納天下雄才的氣勢和胸襟，對人才不求全備，而是用人所長。只有這樣才能取得快速的發展，得到輝煌的成績。

縱觀古今中外，成大業者多為善用人所長之人。前一段時間，我對漢高祖劉邦的成功經歷仔細研究了一番。論謀略，張良在他之上；論用兵，他不及韓信，但是最後劉邦戰勝了「力拔山兮氣蓋世」的項羽。劉邦是如何取得成功的呢？其主要原因就是在於他不求全備，而是用人所長。楚漢戰爭結束後，劉邦曾向大臣解釋自己勝利的原因——「夫運籌帷帳之中，決勝於千里之外，吾不如子房。鎮國家，撫百姓，給饋餉，不絕糧道，吾不如蕭何。連百萬之軍，戰必勝，攻必取，吾不如韓信。此三者皆人傑也。吾能用之，此吾所以取天下也。項羽有一范增而不能用，此其所以為我擒也。」由此可見，劉邦對人才的長處和短處有著準確的認識，從而整合了他們的長處，使他們各盡其才，並形成了巨大的力量，最後奪取了天下。

列子曾說：「天地無全功，聖人無全能，萬物無全用……然則天有所短，地有所長，聖有可否，物有所通。」只有用人所長，注重人才，不求全備，才能讓每個人充分發揮長處，從而創造出更大的效益。

趙家齊是文化公司行銷總裁，他經常對下屬說：「用人一定要用其所長，不能求全備。」他的用人「法則」在整個公司得到了推廣，為公司培養了一批又一批精英之才。

記者採訪趙總說：「您的用人經驗已經成為行業內的典範，請問您是如何歸納出這一套方法的呢？」趙總回答：「如今業界的競爭完全是人才的競爭，是高科技的競爭。良才如美玉，雖有微瑕而不掩其光澤。只要你懂得知人善用，就能將其打磨成一塊讓人愛不釋手的珍寶。」

公司要想立足於這個行業的大舞臺，就必須做好人才的培養和運用。

記者將趙總的語發表之後，很多人才都慕名投至他的麾下，目的就是為了給自己找到一個可以發揮才能的舞臺。

趙總是深謀遠慮的企業家，我們該如何學習他的用人「法則」呢？

①大力引進人才。

社會上人力資源固然豐富，但是企業和管理者不可故步自封，一定要廣納人才。只有引進了人才，企業才能注入新鮮血液，得到蓬勃發展。

②管理者要有海納百川的胸懷，以此吸引更多人才加入企業。為了吸引人才，管理者應該給予更便利的條件，形成制度上的人才聚集地，讓更多有志之士加入這個團隊。

③除了要吸引人才，還要挽留住人才。對於優秀人才，要實行多元化管理，為其創造良好的發展環境。只推出相關配套措施和政策制度，才能夠讓人心甘情願留此發展。

「欲興業，先聚人」，只有吸引人才、留住人才、善用人才，才能最大限度地發揮其潛能，為管理者和企業增光添彩。如果你是一位管理者，一定要做一名知人善用的「好伯樂」，從而讓「千里馬」在廣闊的舞臺上自由馳騁。

6. 用他就要相信他

只有建立在信任上的合作，才能發揮出最大的效益，創造更多的財富。

我的好友伊莎貝爾的職場生涯一直是平步青雲，從工作以來，短短幾年時間就做到了公司高層，並且在業界出類拔萃，成為不可多得的人才。

「妳怎麼做的如此出色？」我問她。

「有人說成功靠勤奮，有人說成功靠運氣，我自己給成功列過一個等式，成功等於勤奮加運氣加他人的信任。因為得到了公司的信任，我才有發展的空間。」伊莎貝爾對我說。

伊莎貝爾無疑是幸運的，遇到了一個信任她的公司和上司。的確，每個人成功的主要因素都不盡相同，但是你能夠獲得他人的信任，就會比別人得到更為廣闊的發展空間。同樣道理，如果你身為管理者，那麼也要做到「用他就要相信他」。

「用他就要相信他」並不是一句空泛的口號，而是需要落實並加以運用的用人哲

學。

關於這點，我的上司謝暉就做得很好。

謝暉白手起家，經過幾十年的努力打拼，終於在業界有了一席之位。最近幾年，公司發展得相當出色，謝暉也成為同行的佼佼者。

在謝暉的公司中，聚集著各式各樣的人才精英。有人精通貿易，有人擁有嫻熟的業務技能，有人具有創意天賦……謝暉經常這樣說：「公司內最寶貴的財富不是金錢，而是你們這些人才。」正是由於人才的聚集，使公司成為一個聚寶盆，每天日進斗金。這個現狀讓某些居心叵測的競爭者眼紅，想盡方法來挖謝暉的牆角。奇怪的是，不管其他公司開出多麼雄厚的薪水和誘人的獎勵，謝暉的手下竟然都沒有一個人跳槽。

這是為什麼呢？

在一次慶功大會上，謝暉滿含熱淚地感謝著自己的員工。只見一位元老級職員走上臺，向謝暉深深地一鞠躬，然後向記者媒體揭開了大家都不願意跳槽的謎團……

有一次，一位客戶告知謝暉已經將貨款匯進公司帳戶，可是財務主管查帳並沒有找到這筆貨款。經過層層調查，嫌疑最大的當屬財務主管。因為所有貨款都由他經手，當

308

天也正是他帶著印章去銀行辦理多筆貨款手續。

財務主管急得都要哭出來了，他信誓旦旦地說自己沒有拿過公司一分錢。可是確實是他在管理每筆款項，財務主管覺得自己跳進黃河也洗不清了。

謝暉得知這件事情，親自來到財務部。他拍了拍財務主管的肩膀說：「你是我的員工，我信任你的為人。好好工作，別多想。」謝暉的一席話使得已過不惑之年的男人痛哭流涕。

最後那筆貨款的流向水落石出，當天銀行系統出錯，那筆貨款被滯留了下來。財務主管對謝暉心存感激，他更加賣力地為公司工作。

正是因為謝暉給予每位員工信任感，使員工有著強烈的團隊意識，公司自然經營得有聲有色。

如果你是一位管理者，那麼就要對自己的員工充分的信任。做到以下三點，你將會成為一個出色的上司，員工也會對你無比的敬佩。

① 用人之前應多方面考察，這樣做有利於你選擇最合適的人選。

②選擇好人選，就要將其放到適合他的位置，讓他能以最大限度發揮本人的能力。

換句話說，就是為員工提供施展才能的舞臺。

③對於你所選擇的人一定要信任，做到相信他的為人，相信他的能力。要知道，你的信任正是員工前進的動力。

如果做到了這些，那麼恭喜你，你將成為一名合格的領導人、管理者。在你的領導下，員工的工作熱情一定會高漲，公司效益自然而然就會直線上升。

7. 學會當「老師」

「企業最後的競爭優勢在於不斷學習，並將所學的知識迅速轉化為行動的能力。」

這已經成為管理者公認的事實。怎樣才能讓企業擁有學習力呢？答案只有一個：好的管理者就是好的老師。

惠普商學院常務副院長說過這樣一句話：「我們認為，學習力有三個層面的含義：學習知識的能力；轉化成行為的能力；管理者不僅自己使用、更將其在團隊內推廣的能力。」這句話讓我受益匪淺。一個好的領導者不僅具有過人的綜合能力，還應該懂得如何將新知識在企業內推廣，讓每名員工都進步。

我非常喜歡惠普的企業文化，因為它與我的想法不謀而合。我認為，領導者是企業建立學習動力的關鍵所在。能否將企業打造成學習型企業，主要是看領導者懂不懂將新知識、新技能進行推廣。如果領導者注重學習、珍視學習，並且鼓勵別人跟著做，那麼員工就會瞭解學習的重要性，並促成企業的長足發展。

惠普前營運長高建華，曾根據多年的管理經驗寫成了《笑著離開惠普》一書，書中

也寫到同樣的觀點：「一位好的管理者，其前提是一位好的老師，必須會講課，會教授他人知識才行。在惠普，只要是當上了管理者，就要從基本的講課做起，也就是說要不斷培訓員工。如果你把學會的東西，掌握的知識，總結的經驗和大家一同分享，並且一點一滴教會別人，那麼首先你是一個好的老師，其次才能稱得上是合理的管理人。由於惠普在全公司內鼓勵這種做法，所以擅長講課的管理者晉升會比較快。因為，在公司價值觀和員工意識中，這樣的管理者是一個非常負責的人。當我們已經習慣毫無保留地向別人傳授知識和經驗時，整個企業的發展就會變得強勁有力。」由高建華的觀點，我推斷出：身體力行的領導者不但是好的領導人，也是員工的好老師。

我的好友傑克曾任大型房地產公司的行銷總監，在他任期的十年中，他都會定期為員工講授行銷策略。這麼多年來，傑克從來沒有間斷過。

有一次我問他：「你已經是業界知名的行銷總監，很多事情沒有必要親自去做，可是為什麼還要堅持每週都給員工上課呢？」

傑克說：「市場是隨時在變化的，每天我都會有新的銷售靈感。可是，這些靈感都屬於我自己，別人並不知道。如果我將其講解並分析，那麼情況就會大為不同。有悟性

的員工懂得舉一反三，他會根據我所提供的市場動態和行銷資訊歸納出更多、更新、更有實效的內容。」

聽著傑克耐人尋問的話，我有了新的發現：

① 管理者如果樂於分享，懂得傳授，那麼很多隱性經驗就會直接轉換成顯性的內容，讓員工成為受益者。另外，在傳授的過程中，管理者也會有意識的反思、歸納，從而進入一個良好的回顧過程中。

② 從更廣泛的意義上說，所謂師者，不僅僅是指那些被稱為「老師」的人，每個人其實都是傳播知識的老師。只有懂得這個道理的管理者，才是一位真正的老師，一位優秀的領導人才。

③ 只要你懂得分享，把散落的知識整合起來，並以最有效的方式進行傳播，那麼你就是一位偉大的老師，成功的領導者。

8. 握大權，放小權

聰明的管理者都會懂得「抓大放小」的管理原則。他們會將一些具體事務或工作交給下屬去處理，自己則集中精力統攬大局。這樣一來，不但工作效率增加，員工的主動性也會提高。

我採訪過很多企業家，在訪談中，我發現有這樣一個奇怪的現象，那就是某些管理者喜歡無論大小事都要親自過問，這就導致管理者工作異常緊張。其實，一個人處理的工作量是有限的，管理者不可能包攬所有的事務。優秀的管理者應該懂得將權力下放，自己把握住大的方向，將工作適當分配。如此一來，很多工作都可以齊頭並進，效率就會提升。反之，鬍子眉毛一把抓的工作方法不僅讓員工產生厭煩的反抗心理，還會讓工作停滯不前。

李梅是一個細心、謹慎的主管，但是她的下屬總在背地裡說：「她謹慎得過了頭。」比如說很簡單的一項工作，李梅就會三番五次地提醒員工不要忘記，並且鉅細靡遺地告訴下屬應該怎樣做，用什麼方法去做，做的步驟如何，過程中需要注意的事項……

每當李梅分配完工作，員工感覺頭都要炸了。就這些還不算，李梅還會不斷找員工詢問：「你做的好嗎？」、「是按照我的方法做的嗎？」，最後索性自己陪著員工一點一點將工作完成。

李梅一個人的力量畢竟有限，她總處於顧東顧不了西的狀態。望著桌子上堆積如山的文件，她常常覺得自己被工作壓得透不過氣來。當她意識到自己管理工作有所失誤的時候，便利用業餘時間參加了管理者培訓班，並學會了分析工作上的問題，知道工作應該如何分配。

從那以後，在分配任務時，她就會先對下屬講明，然後讓員工各司其職，自己只負責追蹤進度即可。這樣一來，每個下屬都愉快勝任，她自己的桌子上再也沒有堆積如山的文件了。慢慢地，李梅所帶領的團隊走上了高效率的軌道，頗受上司好評。

透過李梅的經歷，我們可以得到一個啟示：作為一名管理者，除了有過人的業務本領外，還應該掌握一套「分權用人」的法則。

① 抓大放小。

就是要統領全局，找到主要中心，抓住重點，搞定關鍵部分，在大的事情、大的原則、大的方向上做好統籌與安排；而對那些並非全局、既不是中心又不是重點、並不關鍵的問題和事情，就要「放心、放手、放權」，讓員工「去想、去管、去做」。

將事情做得更加成功、完美。

②掌握大權，放小權之前要著眼全局。

大事和小事就邏輯上來說都是一樣的，任何事情都是由小變大的。作為領導者，大權和小權的區分就在於要準確把握工作重點和方向，要將具體事情做的出色漂亮。做工作的前提一定是要將大事、小事放在不可分割的整體高度去考慮與分配，只有這樣才能

只有懂得抓大放小的領導者，才能充分調動員工的積極性，讓其擁有強烈的責任感，避免出現上忙下閒的被動局面。《周易》上講，「君閒臣忙則國必治」，說的就是這個道理。其實，管理者做事情的方法很簡單，就是要從關鍵處入手，抓住大權，放下小權，這樣可以讓事情化繁為簡，從而順利達成。

9.懂得分享成果

當今時代，人與人之間的交往越發密切，團隊合作也顯得格外重要，僅憑一個人的力量難成大事。所以，當你取得成績時，千萬不要忘記和夥伴分享成果。

多年來，我一直將「是以聖人處無為之事，行不言之教；萬物作而弗始，生而弗有，為而弗恃，功成而弗居」這句話當做自己的座右銘。老子在《道德經》中的這句話意思很簡單，就是順應自然規律行事，不要將不屬於自己的東西據為己有，只有功高卻不居功自傲的人才會得到別人的愛戴與尊敬。

從老子的聖訓中，我明白了做人處事的道理：為人一定要懂得分享功勞，切記不可獨佔勝利的果實。只有揣著一顆謙虛、感恩的心，不在成績面前沾沾自喜、自我陶醉，才可以構建出和諧的人脈網路，得到別人的幫助與扶持。

從小到大，我一直視書如命，其中尤為喜歡歷史書籍。近日讀史，蒐錄兩則故事，放在一起，相映成趣，給人啟迪，發人深思。

東漢光武帝建武年間，每年歲終祭神之後，皇帝按例下詔賜博士每人一頭羊。因為

羊有大小肥瘦，負責分羊的總管感到為難，提議殺羊分肉以求平均。博士甄宇認為此法不可取。總管又打算採用抓鬮辦法。甄宇更以為恥，就帶頭取了最瘦的一頭，眾人於是再無爭執。後來，人送其美稱「瘦羊博士」。

後漢時將軍馮異，作戰勇敢，屢立戰功，平時卻為人謙和容讓，與其他將軍路上相遇時，馮異就將車避在一邊，讓別人先過。每當行軍休息時，諸將軍常坐在一起爭功論賞，爭得面紅耳赤，馮異則常躲開，自己坐在樹下，軍中稱為「大樹將軍」。

讀罷這兩則故事，我不禁大為感慨，如此有才幹和功績之人都懂得分享勝利的果實，如今的管理者更是應當如此。在人事關係複雜的今天，要想搞定人，辦妥事就要懂得分享：

① 獲得成績不可得意忘形，忘乎所以。

② 有功獨居之人相當於將自己推向絕路，日後很難有更大的作為。如果在獲得榮譽或利益時沾沾自喜，獨享其成，那麼等於將自己置身於一個「孤島」，最後會淪

318

落為孤立無助的下場。

我的朋友依依在辦公室內擁有超高人氣，這究竟是為什麼呢？

原來，她是一個懂得分享成果的女孩。

一次，公司舉辦一場大型的徵才活動，依依負責整個調度指揮。

那一段時間裡，依依早出晚歸，每天加班，這一切都是為了讓公司活動能夠萬無一失地順利進行。

皇天不負苦心人，公司的徵才活動舉辦得十分成功，董事長認為依依功不可沒，就獎勵給依依一筆可觀的獎金。但是依依並沒有獨享成果，她在表揚大會上謙遜地說：

「僅憑我個人的能力是遠遠不夠的，這項活動之所以能夠圓滿結束，是全體員工的功勞。至於這筆獎金，我準備以公司全體員工的名義做慈善，希望大家能夠同意。」

依依的話音剛落，臺下就響起了雷鳴般的掌聲。透過依依的這個舉動，同事們更加喜歡她，上司也更加器重她。

中國有句古語「人外有人，天外有天」，不管是職場還是生活中處處臥虎藏龍，精

明幹練之人比比皆是。自恃聰明且居功自傲的人等於自掘墳墓，無聲無息斷送著自己的前程。反之，生活中懂得分享的人會不斷激勵自己前進，最後到達成功的彼岸。

10. 尊重是最大的肯定

孟子曰：「愛人者，人恆愛之；敬人者，人恆敬之。」尊重是一種美德，也是一種能力和態度。只有你懂得尊重別人，別人才會更加尊重你。

我一直認為懂得尊重別人是一種境界，當對方感受到你的尊重時，才會伸出橄欖枝與你為善。不管你身居何職，所處何位，只要懂得將尊重二字作為處事哲學，就會設身處地為對方著想，始終保持謙遜的態度。只有這樣，在工作和生活中才會取長補短，豐富自身的閱歷，拓展自身的深度，進而推動事業的發展。

閒暇之餘，我在一個陶藝班報了名，在那裡認識了很多興趣相投的朋友。其中一位成員沈先生，給我留下了深刻的印象。

陶藝班是一個酷愛陶藝的老師設立的培訓機構，老師熱愛生活，臉上總洋溢著熱情的笑容。但是有一天，陶藝班的成員突然發現老師滿臉愁容。

經過仔細詢問，我們得知老師開辦的陶藝班完全是興趣所在，性格使然。為了能夠結識更多熱愛陶藝的朋友，他自費籌建了這個小小的培訓班。可是，由於家庭變故，資

金鏈發生了斷裂，也就是說陶藝班「生命垂危」，瀕臨倒閉。

當大家都一籌莫展的時候，沈先生悄悄走出去打了個電話，隨後對老師說：「我是一家工藝品公司的經理，我出錢投資培訓班，陶藝班成員練習的作品歸我公司所有，由我的公司來代賣，您看這樣如何？」

此話一出，陶藝班所有成員都興奮極了。這樣一來，陶藝班不但有了資金周轉，連我們練習的「廢品」也有了著落，一舉兩得的辦法讓大家異常高興。

在沈先生的資助下陶藝班順利的度過了難關，我們也成為畢業的第一批學員。

「學生練習的作品難道真的能夠賣出去？」老師帶著這個疑問走進了沈先生的公司。老師並沒有對秘書表明身分，而是走到庫房對秘書說：「您好，請問這些陶藝作品真的能賣出去嗎？」秘書不知老師的身分，笑著說：「哪裡能賣得出去啊，這些初級的作品在市場上根本無人問津。」

聽到這裡，老師頓時明白了。如果沈先生直接為陶藝班注入資金，一定會傷害自尊心極強的老師。所以他以代賣為由，既維護了老師的尊嚴，又幫助陶藝班順利開辦，可謂是用心良苦。為了答謝沈先生，老師將自己最得意的作品全部交付沈先生公司代賣，

這家公司頓時名聲大振。

「尊人者，人尊之」，沈先生站在老師的角度考慮，讓對方覺得自己被尊重。反之，受到尊重的老師也用著另外一種方式尊重著沈先生。在為人處事方面，沈先生做得非常出色，那麼生活中的我們應該注意哪些呢？

①讓對方感受到尊重是要出自真心。

尊重是為人處事中永恆不變的話題，然而這個話題的重要基礎只有一個，那就是真心。試想，不管你多麼熱情，多麼維護對方，動機不純或者虛情假意者終會被人察覺。這樣一來，雙方關係會急劇惡化，越處越僵。

②彼此的尊重要放在平等的前提上。

平等是與人相處的基本法則之一，帶有憐憫、同情意味的尊重會讓對方心存芥蒂，從而心懷戒備。

③與人交往中，不論年齡性別，不論地位高低都要一視同仁，不卑不亢地平等對待。

一個真正懂得尊重的人必然會平和地對人，在尊重他人的同時獲得別人對自己的尊重。古人云：「三人行必有我師」，每一個人身上必有其獨到之處，要學欣賞，懂得尊重。

11. 對事不對人

人與人之間最有效的溝通方法莫過於對事不對人，這也是職場中處理日常事務的「王道」。

如今社會上存在這樣一種現象，有些人做事喜歡「因人而異」，這種做法讓我大為反感。

「看人下菜碟兒」的人在處理事情時，首先會看交往對象是誰，再根據與對方關係的親疏程度、社會地位等外在因素做出主觀判斷。這樣處理事情不僅是對他人的不尊重，在某種程度上也降低了自己的人格和誠信。關於這一點，我同事的妹妹曉嫻就做得很好。

曉嫻和表妹在一家公司任職，曉嫻較早進公司，加上工作能力強，很快就升為部門主管，成為表妹的頂頭上司。

最近，表妹的個人感情出現了問題，心情低落的她在工作上犯了很多錯誤。曉嫻在

安慰她之餘，總是提醒表妹不要因為個人問題影響工作，那樣就等於觸犯了職場底線。

月底是工作較為繁忙的時候，曉嫻怕狀態不佳的表妹工作出現紕漏，除了開導她外，對她的工作也格外留心。可是精神恍惚的表妹一連算錯了很多資料，這讓曉嫻大為惱火。於是，身為主管的曉嫻當眾批評了表妹，並按照公司制度扣了表妹兩個月的獎金。

有些同事知道了這件事情，背地裡對曉嫻說：「犯錯的又不是別人，而是妳的親表妹。妳睜一隻眼閉一隻眼就過去了，怎麼還真的處罰她？」

曉嫻說：「我做事向來對事不對人，不管誰犯了錯都要按照公司制度來處罰。」

受到處罰的表妹心裡很不是滋味，但是她瞭解表姐的為人，也知道是自己有錯在先。於是誠懇地向曉嫻道歉，並且表示在日後的工作中一定會認真仔細。

透過這件事情，同事們對曉嫻的做法讚賞有加。他們認為曉嫻是一位明智的女上司，因為她懂得如何做事做人。

同事或朋友間最有效的溝通方法莫過於實事求是、坦誠相對，對事不對人的做事方法更是處理日常事務的「王道」，曉嫻用一顆公正的心去面對事情的始末值得我們每個人深思和學習，而「看人下菜碟兒」、「因人而異」對人不對事的做法是應該摒棄的。

海倫最近犯下了一個嚴重的錯誤，以至於接到公司的解聘函。

事情是這樣的，身為傢俱銷售員的海倫因為錯誤的銷售方法受到了顧客的投訴。

海倫所銷售的傢俱為知名品牌，公司所生產的實木傢俱價格不菲。作為銷售員，海倫總結出一套「看人售貨」的法則——身穿名牌服裝的顧客多為有錢人，他們購買力強；而衣著普通的顧客一看就是進來隨便轉轉，不會購買任何物品。

有一天，海倫看到一位女士走進展示。她見這名女士的服裝像地攤貨，便對此人不屑一顧。

客人摸著傢俱問道：「妳好，請問這套傢俱是什麼材質的？」

海倫認為對方沒有購買欲望，於是愛理不理地說：「紅木的，這套傢俱很貴，我勸妳買不起就不要隨便亂摸。」

海倫的一番話讓顧客心中很不是滋味，於是憤然離去。

第二天，這名女士依然穿著「地攤貨」走進展示廳。只見她從皮包裡掏出厚厚一疊的現金來購買那套傢俱。

此時的海倫變了另外一副模樣，只見她點頭哈腰，非常殷勤地跟在女士後面。可是

那名女士只對她說了一句話：「妳不是一名合格的員工，我會投訴妳的。」

最後，公司查明了海倫遭投訴的始末，認為對人不對事的員工會損害公司的聲譽，便炒了海倫的魷魚。

說到對事不對人，還有幾點需要注意：

① 對待同一件事，不能將主觀因素和客觀條件進行混淆，只有明辨是非才能做出正確的處理，讓自己立於不敗之地。

② 如果你是身為管理者，一定要做到以身作則。處理事情一視同仁、公平公正，才能樹立自己的威信，為下屬樹立典範，成為他們所稱讚的對象。

③ 人際關係在現實中非常重要，和諧融洽的氛圍需要每個人努力創造。在為人處事中做到對事不對人很重要，如果戴上「有色眼鏡」看人，就容易對某個人、某件事形成個人看法。當這種個人看法根深蒂固時，就會影響到與人之間的交往。

曼・W・皮爾在《做事的方法決定一切》這本書中提到：做事的方法決定一切。

很多人都將這句話奉為金科玉律廣為流傳。做事的正確方法應該是對事情具體分析，充分考慮主客觀因素後再下定論，做到對事不對人，這樣既對事件有說服力，也不會因為主觀判斷而破壞與他人之間的良好關係。

我之所以說了這麼多，主要目的就是希望我們每個人為人處世都能遵循正確的方法，只有這樣，人與人之間的關係才會更加和諧、融洽。

12. 信任，但不放任

關於信任和放任，雖只有一字之差，但意義卻天壤之別。信任等於理解和依賴，而放任等於散漫和縱容。做為一名管理者一定要搞清楚信任和放任的區別，切記混淆兩者之間的關係。

週末，早晨六點我就被一陣急促的敲門聲吵醒。我揉著惺忪的睡眠打開門，發現好友大衛垂頭喪氣地站在門口。

我把大衛請進屋裡，問道：「發生什麼事情了？」

「我被上司批評了。」聽到大衛這麼說，我的心終於放到原處，「原來就這個啊，因為這麼點小事就驚擾了我的好夢。」我打了個大大的哈欠說。

「小事？怎麼算是小事？」大衛眼一瞪。

「好了，好了，你快說到底怎麼回事吧！」

事情是這樣的，大衛最近升任人事部經理，負責整個企業的徵才。上週，行銷部提出申請，想招聘十名銷售人員。上級批准後，這個任務自然落到大衛身上。大衛認為這

330

件工作十分簡單，於是對一個手下交代任務時說：「這項工作交給你了，一切由你做主。

不必事事向我請示，只要做好了告訴我一聲就可以了。」有了這樣的授權，這名手下竟

然理解錯了，他認為：「無論我如何處理經理都無所謂，可見他對這項工作並不重視。」

於是，這名手下隨便拉來了幾個應徵人員草草交了差。

當這幾名實習生進入行銷部後，行銷部主管大為惱火。因為所招聘的人員非但沒有

銷售才能，有幾個的程度竟然還非常差。憤怒之餘，行銷部主管找到了董事長反映這件

事。

結果可想而知，董事長將大衛痛批一頓，並決定扣其獎金以示懲罰。

「你說我多冤枉啊，是手下理解錯了，又不是我的錯。」大衛很委屈地說。

聽到大衛這樣說，我坐不住了，嚴肅地告訴他：「關於這件事情，最大的犯錯者就

是你。身為一個上司，怎麼能夠對員工如此的放任。」

「放任？我是信任他們啊！」大衛辯解道。

看到大衛如此執迷不悟，我決定好好給他上一課。

① 就某種程度上而言，信任是領導者對員工素質、能力的充分肯定。他按照制定的規則讓信任的員工幫自己行事，但絕不是讓那些不具備良好素質和突出能力的員工任意所為，以致給團隊帶來消極的影響或破壞公司的形象。所以說，信任並不等於放任。

② 信任員工是管理者展開工作所必須的，但是切記不可對工作不聞不問。一名領導者的基本方針就是統領全局，並且隨時關注交付事項的進展，收到適時的工作回饋。如果連這一點都做不到，一定是一個沒有責任心的管理者。

③ 當管理者向員工分配任務後，首先要做的就是鉅細靡遺地指示員工完成工作的重點與應注意的事項。之後，要再次確保員工能遵守的指示，並要力求明確。只要指示能明確地表達，相信員工就能較為有效地執行指示。

很多管理者都像大衛一樣將信任和放任混為一談，借用一本管理學書籍中的段落作

為結尾，希望大衛和眾多管理者都能從中汲取自己所需要的知識，「一位優秀的管理人要注意兩個方面：第一方面，必須長期、努力地與員工之間建立依賴關係。得之不易而失之易，要長期發展並且努力維持這種依賴關係。第二個方面，分清楚什麼是信任，什麼是放任，信任員工與放任員工是兩回事，工作管理中的信任一定要長期堅持下去。」

13. 不糾纏於小過失

金無足赤，人無完人，每個人都有犯錯誤的時候。當下屬犯了錯誤，管理者的處理方式就能顯示出此人是否具有領導才能。

王吉川前陣子將資料核對錯誤，主管顯然對此很不滿意，三不五時就會將其叫進辦公室接受教育。

半個小時後，王吉川心情低落地走出主管辦公室，不斷的唉聲歎氣。

「怎麼了？又被罵了？」我關心地問道。

「哎，這工作沒辦法做了。我知道自己做錯了事情，但是主管總揪住這個小辮子不放，動不動就要訓斥我一頓，簡直讓我無地自容。」王吉川歎了口氣說。

「我覺得我們的主管根本不適合做領導者，他也不懂得如何管理員工。」同事甲聽到我們的談話，忍不住插了句嘴。

俗話說：「宰相肚裡能撑船」，懂得容忍下屬的過錯，不糾纏於小過失的主管才是真正的好主管。誰都會有犯錯的時候，如果揪住下屬的小辮子不放，難免會傷害員工的

自尊心，使其產生嚴重的反抗心理。

我曾遇到過兩位反差極大的領導者，在他們不同的管理模式下，員工呈現出兩種不同的狀態。

主管Ａ善於發現員工的優點，他的座右銘就是卡內基那句經典語句：「待人就像挖金子，如果你要挖一盎司金子，就得挖出成噸的泥土。可是你並不是要找泥土，而是找金子。」對待員工，他像挖掘金子一樣尋找其亮點。下屬犯了錯，如果知錯就改，主管Ａ就會既往不咎，再也不提這件事情。

有一天，員工阿強遲到了，他結結巴巴向主管Ａ解釋道：「主管，我錯了。由於早上鬧鐘沒響，我睡過了頭。從今以後，我絕對不會遲到。」主管Ａ看見阿強的態度十分誠懇，笑了笑說：「小夥子，今後一定要注意。」

為什麼主管Ａ不苛求犯錯的阿強呢？主管Ａ是這樣回答的：「這個小夥子反應能力極強，是個不可多得的銷售人員。對於遲到這一點，他已經知道自己的錯誤，那就這樣過去算了。」

主管Ｂ則不同，同樣是員工遲到，他會將其叫住數落一番，並動不動就提及此事希

望廣大的員工引以為戒。

這兩種不同做法的後果是什麼呢？主管Ａ善於發現員工的亮點，有些小過失不去追究，在員工心裡留下了很好的印象，樹立了威信和良好的口碑。只要是主管Ａ分配的工作，員工們都會不遺餘力的完成。相反地，主管Ｂ總是揪住員工的缺點或過失不放，員工對此厭惡至極。為了表示對主管的厭惡，他們採取了不配合工作的方式。很多時候，主管Ｂ分配下來的任務都會遇到種種的阻礙，很難按時完成。

下屬有錯，應當進行批評。如果對方認識到了錯誤，並且有悔改之意，最好給員工一個臺階下，切勿處理得太狠，失去了員工對上司應有的信任。每個人都會犯錯，但每個人也都有優點。不要只見缺點不見優點，這樣是很難讓人信服的。有些下屬會抱怨上司沒有氣度，管理嚴格，以此發洩不滿。我們先不討論員工的問題，光從員工抱怨的話當中就可以發現上司做的也不夠。身為一名管理人員，一定要寬洪大度，有些小事情沒有必要緊抓住不放，能過去就讓它過去吧。

14.公平對待每個人

「善待別人就是善待自己」，平等對待每一個人，既是考驗人品的試金石，也是做成一件事情的關鍵所在。

現代社會比任何一個時期都注重人際關係，融洽的人際關係可以相互通融和扶持，從而產生最大的效益。

你也許初涉社會，也許久經沙場。但是，對待同事，或對待朋友，自卑或者自大都會導致不平等的滋生與蔓延。當你習慣性地俯視或仰視某一個人，大腦思維已經開始認知有不平等的關係存在，內心也會產生對事情不利的負面作用。長此以來，對你為人處世就會產生不利的影響。

在人際交往中，平等是建立和諧人際關係的前提。每個人都希望得到別人的平等對待，只有這樣，健康的人際關係才會維持並發展下去。

在美國獨立戰爭時期，有一次，喬治‧華盛頓身穿一件大衣，獨自走出營房。路上所遇官兵，無一人能夠認出他來。走到一處，他看到一群士兵在築街壘。一個上士，雙

手插在口袋裡，正在指揮士兵們將一塊巨石放在一個特定的位置上。

上士用力地喊著：「加把勁！」第一次沒有成功，第二次上士仍然站在一旁，用力地喊著：「加把勁！」儘管士兵們使出了吃奶的力氣，那石頭就像故意和大家開玩笑一樣，仍然不願意到達指定的地點。士兵們勉強支撐著，眼看石頭就要滾落下來，幸虧喬治‧華盛頓眼疾手快，跑上前用強壯的臂膀頂住巨大的石塊，這才把石塊推到了指定的地點。士兵們轉過身，熱情地擁抱喬治‧華盛頓，表示感謝。

「你為什麼只站在一旁喊口號，而不上前幫忙呢？」喬治‧華盛頓問那個上士。

上士傲慢地說：「你問我？難道你看不出我是這裡的上士嗎？」

「哦，這倒是事實。」說著，喬治‧華盛頓脫下衣服露出軍銜，「按照軍銜，我是上將，不過，下次需要抬重物的時候，我還是可以幫忙。」

人際關係拒絕高傲、輕視，只有你平等地對待別人，別人才會同樣平等地對你。那些根據對方的社會地位和經濟地位來區分交際態度的做法是短視的、勢利的，俗話說，十年河東，十年河西，今天的下屬明天可能會成為你的上司，今天的大富翁明天可能就會變成窮光蛋。而對於你來說，今天還春風得意，明天說不定就落魄潦倒。只有用平等

的眼光、真誠的心態去結交朋友，才會贏得更多的朋友。

無論你身處要職還是普通員工，平等的對待你周邊的人，大家才能友好、和平、快樂的相處。那麼，如何才能做到不偏不倚，公平對待每個人呢？

①複雜的人事關係需要簡單對待。不要把人際關係分成好幾等，只要你能夠平等處之，人與人之間的關係自然會變得和諧，事情也會更加容易搞定。

②放平自己心中的桿秤。對待比自己地位高的人，不必卑躬屈膝，不卑不亢才是最好的姿態。同樣的道理，對待比自己地位低的人，就更應該對別人主動關心，真誠相待。試想一下，一個高高在上的領導者肯定會讓人望而生畏，主動遠離。只有恩威並重，真誠坦蕩地處理每一件事，對待每一個人，才能讓工作變得簡單有效率。

不管是職場生涯還是現實生活，你的「命脈」始終把握在自己的手上。如果你遇到

不配合的人和難纏事情的時候，不要怨天尤人，而是要反省自己對人是否都做到了一視同仁。只要你可以平等對待每一個人，想必沒有什麼事情難以搞定。

15.虛心聽取不同的聲音

著名心理學家 John・Dickinson 說：「好的傾聽者，用耳聽內容，更用心『聽』其他聲音。」這裡所說的其他聲音，指的就是不同的建議。只有虛心聽取別人的意見，才能夠「對症下藥」，改掉缺點，讓自己成長。

午夜，電話鈴聲急促地響起。睡眠朦朧的我接起電話，卻聽到那一頭的啜泣聲。

我的妹妹阿華在半夜打來電話，一定是遇到什麼難事。

阿華是化妝品公司的行銷總監，剛剛接了一個很大的企劃案。

按照慣例，企劃案初稿定下之前都是全團隊成員在一起共同研究、商討。為了使企劃案能順利推出，阿華已經熬了整整一個通宵，最後想出了一個她認為非常完美的計畫。可是當阿華頂著「熊貓眼」興高采烈地和團隊成員分享這個自認為精彩的計畫時，竟然遭到幾個成員的反對。

「我認為這個計畫行不通，根本不符合市場的行銷規律。」同事甲說。

「我覺得也是。要想做好這個企劃，最好的方法是先進行調查研究。」同事乙說。

大家你一言，我一語，一下子把阿華連夜想出的計畫給否定了，並且還被批評得「體無完膚」。

就這樣，爭強好勝的阿華認為自尊心受到強烈打擊，半夜心裡難受就打電話來訴苦。

在電話裡，我覺得一時間也說不清楚，於是約她第二天面談。

第二天，我和阿華碰了面。只見她眼睛浮腫的厲害，不用提，肯定是哭了一夜。

我對她說：「在與人交往的過程中，學會傾聽是加強溝通的橋梁。作為說話者，透過傾聽別人的建議，讓自己講的話更加有說服力；作為聽者，認真傾聽別人說的話，有助於交流，在傾聽的過程中受到更多的啟示，豐富自己的思想和內涵。所以，別人對妳提出的建議只是針對妳提出的計畫本身，只有虛心聽取不同的聲音，妳才能有所進步。現在的妳最應該做的就是好好反思一下自己的計畫，是不是真的不適合這個專案。」

阿華聽了我的話，若有所思的點了點頭。

過了幾天，她打來電話對我說：「多虧同事們提出不同的建議，才讓團隊少走了不少冤枉路。我已經誠懇地和同事們道歉了，以後我一定會虛心聽取別人的不同觀點。」

342

聽著妹妹的話，我心裡的一塊石頭終於落了地，衷心地為她明白這個道理而高興。

唐太宗李世民曾說：「以銅為鏡，可以正衣冠；以古為鏡，可以知興替；以人為鏡，可以知得失。」虛心聽取別人的建議，就能夠集思廣義，不斷開拓自己的思維。而與他人交往的過程允許不同的聲音出現，就相當於擁有了一種美德，一種修養和一種氣度。

16. 珍惜人才而不吝惜錢財

卡內基說過一句話：「即使有一天我的財產全部化為烏有，只要有優秀的人才和我一起奮鬥，只要一年、也許更短，我就又可以成為百萬富翁。」他的話一針見血地指出了成功的所在，那就是要珍惜人才。

我的偶像是卡內基，當初為了購買他的一本傳記，我曾冒著大雨跑遍全市所有的書店。有人問我：「卡內基有什麼讓你著迷的地方嗎？」每次聽到這樣的問話，我都會斬釘截鐵地告訴他：「有，卡內基的成功很耐人尋味。」

卡內基的傳記上清清楚楚地寫著：「身為鋼鐵大王的他，對鋼鐵製造、生產的過成知之甚少。而他要做的，就是為下屬安排最擅長的工作，給予他們發揮能力的平臺。」據說，卡內基深知人才的重要性。他很注意身邊是否有能力出眾的年輕人，如果他發現就會傾力提拔，甚至贈予佼佼者股份，並加以重用。」

看到這裡，我不禁欽佩卡內基的才能，他知人善用，珍惜人才而不是吝惜錢財。就因為如此，他才能讓財富像滾雪球似地快速增長。

我曾經任職的一家公司的老闆姓王，是個了不起的女強人。王老闆個子不高，但是精明幹練，深知用人之道。她對下屬呵護有加，公司上下親切稱她「王媽媽」。

有一天，王老闆發現自己的一位下屬面容憔悴，於是詢問是否工作太勞累。職員聽到後竟然感動得哭了起來，將心中的困擾向王老闆娓娓道來。原來，這位員工的妻子罹患癌症，巨額的醫療費用壓得他喘不過氣。可是，這位員工依然堅持工作，將沒錢給妻子治病的事硬生生藏在心底。王老闆得知這個情況後，立即調撥資金給這名員工，幫助他順利度過了難關。

這樣的例子比比皆是，王老闆用以人為本的柔性管理理念呵護著員工，珍惜人才。

每個員工在此都會感覺到家庭般的溫暖，心甘情願地為公司付出自己的一切。

在那家公司裡，每個人都能找到最適合自己的事業舞臺，從而展現自我價值。人盡其才、才盡其用是非常重要的原則，不管你身處何方、身居何位，都要記住，人才比金錢更重要。為人處世原則就是：人比任何事情都重要。在社會上，每個人都要從事不同種類的工作，接觸形形色色的人群，只有將人的位置擺在第一位，才能夠順利將事情搞定。因為，金錢有衡量的尺度，而人才、人脈、人際關係則是價值連城的。

17. 維持團隊和諧

古人云：「千人同心，則得千人之力；萬人異心，則無一人之用。」當今社會，人與人分工越來越細，只有將眾人之力凝聚在一起才能有所作為。所以，如何打造團隊精神，已經成為越來越多管理者思考的問題。

前兩天看雜誌，裡面有這樣一篇文章非常有意思：如果把一隻螞蟻單獨放在地面上，牠就會毫無目的地亂爬。如果有一群螞蟻聚在一起，情況就會大不相同。螞蟻之間分工細緻，有的建造複雜的巢穴，有的找尋食物，有的保護孵卵，有的抵禦外敵。一隻螞蟻的作用也許是微不足道的，但是你絕對不能小看一群螞蟻的能力。

現代商場上有一種效應叫做「螞蟻效應」，講的就是團隊精神。就某種程度上來說，一個團隊的興衰成敗，取決於團隊是否和諧，是否擁有熱情。當今，所有企業和管理者都注重團隊精神，然而這並不是簡單的一個口號，而是要透過具體實踐來實現。

我的好友小魚最近就充分體驗到了團隊的力量有多麼強大。

小魚在廣告公司做設計，面對客戶的要求，她絞盡腦汁也想不出什麼更好的點子。

346

設計稿件一次又一次被客戶打回，小魚十分擔心客戶會因此而放棄不做。正在小魚焦急萬分的時候，關係較好的三名設計師同事安慰道：「不要著急，我們來幫妳。俗話說得好『三個臭皮匠勝過一個諸葛亮』，我們四個人肯定能夠想出好的設計方案。」

在同事的幫助下，大家集思廣益，完美的點子層出不窮。經過仔細分析、篩選，小魚將設計圖給客戶過目。客戶接過設計圖，眼前一亮，連聲讚好。

就這樣，小魚順利通過客戶的那一關。從此，她更加注重維護同事之間的關係，因為她知道，只有集思廣益，集合團隊的力量才能辦大事。

我的一位老師是哲學系的教授，他曾告訴我們這樣一個故事，故事的內容很簡單，但是非常耐人尋味：有一個魔法師來到一個小鎮，他對一個老婦人說：「我手中有一塊魔法石，只要將它放進開水中，魔法石就會施展魔法，變出一鍋香噴噴的美味雞湯。」

老婦人搖搖頭表示懷疑。魔法師快步走到廣場上，找來一口大鍋，並把裡面放滿水，在底下放上木柴開始燒火。魔法師把石頭放進鍋裡，說：「現在的湯已經很美味了，如果有一點洋蔥就會更好。」他的話音未落，就有一個人回家拿了幾片洋蔥放了進去。魔法師用湯匙嘗了一口湯，興奮地說：「好喝極了，如果有肉就會更香。」一個小男孩飛快

跑回家中取來了肉片。就這樣，在魔法師的指揮下有人拿鹽，有人拿油……最後，湯熬好了，大家一人分了一碗。他們邊喝邊發出噴噴的讚美聲，因為他們覺得喝到了天底下最美味的湯。

老師講完這個例子，對我們說：「難道真的是魔法石起了作用？想必大家都不會相信。這是因為眾人齊心合力，才熬製出一鍋無比美味的湯。」教授激昂的話振奮了在座每一個人的心靈，在雷鳴般的掌聲中，教授為我們歸納出幾點：

① 從管理學的角度上來說，團隊是由員工和管理階層組成的一個集體。團隊精神就是合理利用每一個成員的能力，相互協助工作，解決問題，並達成共同的目標。

② 要打造堅如磐石的團隊精神，建立有效的溝通機制是首要關鍵。只有當管理者與團隊成員的溝通暢通無阻時，才能夠達到彼此信任、彼此扶持的工作狀態。

③ 全方位進行溝通和交流是團隊合作的基礎，也是打造團隊精神的基礎。在日常工

作中，管理者應該有意識地培養成員之間相互支援和積極溝通的意識，並且提供成員在一起交流的有效平臺。

如果將良好的氛圍比喻成團隊發展的黏合劑，那麼成員們積極的狀態則是打造團隊精神的潤滑油。我認為老師的話對於每個管理者來說非常重要，如果你想讓自己的團隊不斷前進，那就按照老師說的幾點去做，一定能夠使團隊找到通往成功的捷徑。

國家圖書館出版品預行編目(CIP)資料

人！你真的懂？：學做人、會看人、廣教人、找對人、搞定
人、能用人，這些你會哪幾項？/鄭子勳作. -- 第一版.
-- 臺北市：老樹創意出版中心出版：紅螞蟻圖書發
行, 2018.04
面； 公分. -- (New century ; 60)
 ISBN 978-986-6297-85-4(平裝)

1.人際關係 2.成功法
177.3   107003108

New Century 60

人！你真的懂？

學做人、會看人、廣教人、找對人、搞定人、能用人，這些你會哪幾項？

作　　者／鄭子勳
發 行 人／賴秀珍
總 編 輯／何南輝
責任編輯／蔡竹欣
封面設計／卓佩璇
美術構成／上承文化
出　　版／老樹創意出版中心
發　　行／紅螞蟻圖書有限公司
地　　址／台北市內湖區舊宗路二段121巷19號（紅螞蟻資訊大樓）
網　　站／www.e-redant.com
郵撥帳號／1604621-1　紅螞蟻圖書有限公司
電　　話／(02)2795-3656（代表號）
傳　　真／(02)2795-4100
法律顧問／許晏賓律師
印 刷 廠／卡樂彩色製版印刷有限公司
出版日期／2018年4月　第一版第一刷

定價 300 元　　港幣 100 元

ISBN 978-986-6297-85-4　　　　　　Printed in Taiwan